COACHING EMPRESARIAL
Teoria e Prática através de exercícios

ANDRÉIA ROMA
MARCOS M. DE OLIVEIRA
(coordenação)

Editora Leader

Copyright© 2019 by Editora Leader
Todos os direitos da primeira edição são reservados à Editora Leader

Os artigos publicados nesta obra refletem a experiência e o pensamento de cada coautor, não havendo necessariamente relação direta ou indireta, de aceitação ou concordância, com as opiniões ou posições dos demais convidados.

Diretora de projetos:	Andréia Roma
Revisão:	Editora Leader
Capa:	Editora Leader
Projeto gráfico e editoração:	Editora Leader
Livrarias e distribuidores:	Liliana Araújo
Atendimento:	Rosângela Barbosa
Gestora de relacionamento:	Juliana Correia
Organização de conteúdo:	Tauane Cezar
Diretor financeiro:	Alessandro Roma

Dados Internacionais de Catalogação na Publicação (CIP)
Bibliotecária responsável: Aline Graziele Benitez CRB-1/3129

C581 Coaching Empresarial / [coord.] Andréia Roma, Marcos M. de Oliveira.
1. ed.   1 Ed. – São Paulo: Leader, 2019

ISBN: 978-85-5474-065-8

1. Coaching empresarial. 2. Negócios. 3. Gestão.
4. Liderança. I. Roma, Andréia. II. Oliveira, Marcos M. de
III. Título.

CDD 658.314

Índices para catálogo sistemático:
1. Coaching: empresarial
2. Negócios: gestão
3. Liderança

2019

Editora Leader Ltda.

Escritório 1:
Depósito de Livros da Editora Leader
Rua Nuto Santana, 65, sala 1
São Paulo – SP – 02970-000

Escritório 2:
Av. Paulista, 726 – 13° andar, conj. 1303
São Paulo – SP – 01310-100

Contatos:
Tel.: (11) 3991-6136
contato@editoraleader.com.br | www.editoraleader.com.br

Agradecimentos

Coaching é, de fato, um recurso fascinante, que tem sido utilizado com sucesso em diversas áreas, como nas organizações. Através dele, colaboradores e empresas têm obtido os resultados planejados e atingido o desenvolvimento profissional.

É sobre esse tema que os 16 profissionais aqui reunidos trazem sua experiência e formação para compartilhar com nossos leitores de forma a auxiliá-los a colocar em prática os conhecimentos adquiridos.

É com prazer e com a certeza de estar colaborando com este projeto para que o Coaching tenha a cada dia mais credibilidade que agradeço a todos os coautores.

Cada um deles escreveu com o máximo de profissionalismo sobre os assuntos escolhidos e que proporcionam um panorama amplo sobre o Coaching Empresarial, e o fizeram com dedicação e carinho, para trazer ao mercado editorial um produto de qualidade e com muita relevância.

Meus sinceros agradecimentos a André Guimarães, Cintia Castro, Érika Astrid Rossi, Gilcinei Monteiro da Silva, Janaína Macedo Calvo, Larissa Almeida, Marco Oliveira, Marcos Robson Vieira, Marcos Wunderlich, Marine Ascoli de Cezaro, Nelson Roque Schneider, Paulo Eduardo Rosselli Wünsch, Paulo Martinez, Pedro Renato Ribeiro Guimarães, Regina Lúcia Monteiro Matos e Rogério de Moraes Bohn.

Agradeço a todos que direta ou indiretamente colaboraram com este projeto sobre Coaching que a Editora Leader lança, formando uma verdadeira coletânea sobre o assunto, com vários pontos de vista, sempre com muita receptividade no meio editorial.

Agradeço também a você, leitor, que é o foco do nosso trabalho, nosso maior valor e que nos dá o incentivo necessário para continuarmos crescendo.

E lembre-se:

"Um livro muda tudo"

Andréia Roma

CEO e Diretora de Projetos da Editora Leader

Introdução

A atuação dos profissionais nas organizações e dos empreendedores tem se alterado bastante nos últimos anos, diante de um mundo que tem mudanças tão rápidas quanto numerosas. As exigências se tornam maiores a cada dia, pois é preciso apresentar resultados, soluções, se destacar no mercado, inovar... Sem falar nas competências e habilidades até mesmo emocionais para ter sucesso na parte profissional e em equilíbrio com a vida pessoal.

Atentos a esse panorama, especialistas vêm desenvolvendo metodologias e diversos recursos para apoiar os profissionais e empreendedores, para que vivam em plenitude, sejam felizes, obtenham a alta performance e obtenham resultados para as empresas.

Nesta obra, diversos especialistas em Coaching, Programação Neurolinguística (PNL), Eneagrama e Hipnose, entre outras formações, estão compartilhando suas experiências e estudos sobre Coaching Empresarial com o objetivo de colocar nas mãos dos leitores uma obra que possa ajudá-los na prática, no seu dia a dia.

São abordados temas como autoconhecimento, que é a premissa básica do processo de autodesenvolvimento e o alicerce das relações interpessoais, e o leitor poderá responder a diversos questionamentos, fazendo algumas reflexões acerca da viagem para dentro de si mesmo.

Há também questionamentos sobre gestão de carreira na atualidade, com a apresentação de casos reais de profissionais para proporcionar muito aprendizado sobre o tema.

O trabalho em equipe e todas as exigências para que se obtenha o resultado que é traçado e trabalho em comum é objeto de análise e de modos de se conseguir o sucesso almejado.

O tema relativo ao desenvolvimento de negócios está em outro capítulo bastante instigante, que aponta, por exemplo, que muitos empreendedores iniciam os seus negócios sem nenhuma noção de que valores vão precisar mobilizar e isso certamente se tornará uma dificuldade muito em breve.

Esta é só uma parte dos temas que reunimos aqui, com uma linguagem clara e objetiva, com conteúdo de valor para você incrementar seus conhecimentos e se desenvolver como líder, gestor ou empreendedor de sucesso. E essa é nosso maior objetivo com esta obra.

Andréia Roma

Sumário

1. Vamos começar nossa caminhada rumo ao sucesso?..................9
   Marcos M. de Oliveira

2. Sabotadores do propósito 31
   André Guimarães

3. Coaching e a Psicanálise –
   Estar bem para fazer o bem..................51
   Cintia Castro

4. Coaching: um parceiro para organizações, liderança e desenvolvimento humano no admirável século XXI..................61
   Érika Astrid Rossi

5. O controle emocional como fator para melhoria nos resultados..................75
   Gilcinei Monteiro da Silva

6. O desafio de engajar pessoas..................83
   Janaína Macedo Calvo

7. Inteligência emocional nas empresas 91
   Larissa Almeida

8. PNL aplicada à liderança 103
   Marco Túlio Rodrigues Costa

9. A espiritualidade no mundo empresarial 113
   Marcos Wunderlich

10. Autoconhecimento: um caminho que ninguém
    pode fazer por você 123
    Feedback – Maestria em comunicar e inspirar 134
    Marine Ascoli De Cezaro

11. Estou chegando na casa dos '50 ou 60':
    transição DE carreira ou transição NA carreira? 143
    Nelson Roque Schneider

12. Planejamento empresarial 153
    Paulo Eduardo Rosselli Wünsch

13. O espírito de equipe e seus resultados 165
    Paulo Martinez

14. Sete lições de liderança 175
    Pedro Renato Ribeiro Guimarães

15. Reflexões sobre a atuação do *coach* executivo
    e empresarial 185
    Regina Lúcia Monteiro Matos

16. Criando e desenvolvendo negócios 191
    Rogério de Moraes Bohn

foco
inteligência emocional
alta performance *equilíbrio* *delegar*
relacionamentos *lazer* *competências*

Vamos começar nossa caminhada rumo ao sucesso?

Marcos M. de Oliveira

crenças sabotadoras *limitações*
comunicação *qualidade de vida*
planejamento
metas *liderança* *procrastinação*

1

Marcos M. de Oliveira

Master Coach & Mentor Trainer e diretor executivo do Instituto Advento. Diretor de Projetos Globais, em nível nacional, da Abrapcoaching (Associação Brasileira dos Profissionais de Coaching). Foi membro-fundador do ICF – Capítulo ES. É coordenador e coautor de seis livros em parceria com a Editora Leader.

Mestre em Ciências Sociais da Religião e mestrando em Administração de Empresas (FUCAPE). Especialista em Psicopedagogia, Educação Especial e Terapia Sexual Analítico Comportamental. Graduado em Gestão de RH, Teologia e Pedagogia. Terapeuta Familiar e de Casal, registrado na ABRATH, e psicanalista clínico.

Formações nacionais e internacionais de Coaching e Inteligência Emocional: Master em Mentoring & Coaching Holo-Sistêmico ISOR®; Master Coaching de Carreira (Instituto MS); Coaching, Mentoring & Holomentoring® do Sistema ISOR® (Holos); Professional, Self & Life Coaching (Plexus); Professional Coach (Bruno Juliani); Coach Especialista em Sistema de Crenças, Coach Especialista em Sessões de Alto Impacto e Ferramentas de PNL para Coaches (André Sampaio); Ferramentas de Coaching (Gerônimo Theml); especialista em Inteligência Emocional (SBIE) e participou do Método CIS (Paulo Vieira).

Contatos:

Celular: 27 99875-3468

Site: www.institutoadvento.com.br

Vamos começar nossa caminhada rumo ao sucesso?

Antes de começar a nossa caminhada, gostaria de agradecer a Deus pela oportunidade de lançar mais um livro. Sou muito grato por fazer parte da equipe de coordenadores desta editora. Quero agradecer a você pela confiança e por estar lendo esta obra. Quero agradecer também aos coautores por aceitarem este desafio de abençoar a vida de empresários, empreendedores e *coaches* no Brasil inteiro, através desta obra. E, por último, quero agradecer a Andréia Roma, parceira e amiga, que sonhou junto comigo e que nunca desistiu desse sonho!

O objetivo de criar este livro foi colocar em suas mãos uma obra que pudesse ajudá-lo na prática, no seu dia a dia! Por isso, agora, quero convidar você a fazer uma caminhada comigo! Quero lhe mostrar como a disciplina na organização, no controle e na parte emocional são essenciais para alcançar o sucesso empresarial.

Juntos, vamos entender um pouco mais a teoria e depois vamos partir para a prática para melhorar ou transformar sua realidade empresarial.

Vamos começar?

Quando olhamos para o mercado, podemos perceber pelo menos quatro tipos de empresários ou empreendedores:

1. O perdido – São os "deixa a vida me levar!" São aqueles que não têm nenhum controle dos seus números e indicadores, ou seja, apenas estão negociando sem ter nenhuma organização ou controle. Não têm a mínima noção de quanto ganham ou qual o seu lucro. Estão totalmente perdidos! Vida pessoal e empresarial, está tudo misturado. A ansiedade, o estresse e muitas vezes a frustração estão presentes no dia a dia.

2. O organizado – São aqueles que têm organização e controle. Têm tudo registrado, mas não sabem analisar e lidar com esses números. Não conseguem prever o futuro. Andam estressados e ansiosos. Conseguem crescer, mas com o tempo ficam estagnados e começam a travar. Geram resultados em curto e médio prazo, porém, aos poucos travam e não conseguem mais crescer.

3. O visionário – São aqueles que crescem constantemente, ano após ano, com organização, controle, previsibilidade, sem estresse, de forma equilibrada, sem comprometer a vida pessoal. Navegam no oceano azul... Investem em inovação, têm uma excelente gestão administrativa, financeira, de marketing e de pessoal, por isso, geram resultados acima da média.

4. O desequilibrado – São aqueles que já viveram um dos três tipos acima, mas que entraram em um processo de desequilíbrio emocional por causa de algum problema empresarial, pessoal ou familiar. Agora, estão travados, não sabem o que fazer. Não conseguem visualizar um caminho, uma direção, ou conhecem a direção, mas não sabem como começar a caminhar. Suas emoções estão sem controle, as doenças psicossomáticas já apareceram e vivem um processo depressivo ou até mesmo uma depressão.

Você se enquadra em um desses? Qual chegou mais perto da sua realidade? Pare um pouquinho e pense na sua história, como empresário ou como empreendedor.

Agora, quero, junto com você, analisar o quadro acima, com alguns conceitos, que podem ser novos para você...

1. Nosso negócio é GESTÃO! – Você consegue observar que todo empresário de sucesso é um bom gestor? Na realidade, quando nos tornamos empreendedores ou empresários, necessariamente nos tornamos gestores. Nossos produtos e/ou serviços mudam, mas o nosso negócio, não... Somos gestores! Você pode vender roupas, remédios, alimentos ou dar consultoria ou terapia. Não importa qual serviço e/ou produto, seu negócio é gestão!

2. Sua gestão DETERMINA seu sucesso! – Você conseguiu perceber que o sucesso da empresa é um reflexo do seu gestor? Se isso é verdade, então você precisa aprender a ser um gestor de sucesso, com uma excelente gestão administrativa, financeira, de marketing e de pessoal. Claro que fatores externos (crise econômica e governo, por exemplo) influenciam os resultados da sua empresa, mas o fator mais importante, para ditar o crescimento ou a estagnação do seu negócio, é VOCÊ!

3. Trabalhe "NO NEGÓCIO" / "O NEGÓCIO" – Você entende a diferença? Em um momento, você é a pessoa que executa o serviço ou que vende o produto. Mas, precisa ter um tempo para olhar **O NEGÓCIO**. Isso significa que em alguns momentos você precisa parar de trabalhar **NO NEGÓCIO**, dar alguns passos para trás e observar o quadro completo. Ver a concorrência, as pessoas envolvidas, o mercado como um todo e perceber quem é você dentro deste quadro. Só assim poderá ver suas falhas e seus pontos fortes em relação ao todo. E, assim, tomar as melhores decisões!

4. Gestão e EMOÇÃO andam juntas! – Conseguiu perceber que as emoções estão presentes o tempo todo? Como você lida com suas emoções? Como lida com os seus colaboradores, com seus clientes, com sua família e até com a concorrência? Saber manter o equilíbrio emocional e a motivação, tanto sua como daqueles com quem você lida, é de extrema importância para o sucesso do seu negócio. Lembre-se que é essencial saber saciar suas necessidades emocionais, tanto profissionais como pessoais. Estar bem emocionalmente é um dos pilares para o sucesso empresarial.

Você entende a profundidade desses conceitos? Fez sentido para você? Como estes conceitos estão sendo aplicados no seu dia a dia?

Vamos para a prática?

Atividade 01

Diagnóstico do empresário e da empresa

Agora, é o momento de ser fiel à realidade. Escreva abaixo que tipo de gestor você tem sido. Quais tipos de crise estão impactando ou podem impactar sua empresa por sua causa?

_____

O que precisa melhorar na sua gestão?

_____

Quais são as suas maiores fraquezas?

_____

Agora, vamos juntos pensar no que você pode fazer para mudar essa realidade?

Como pode melhorar sua gestão?

_____

Como pode melhorar suas fraquezas?

_____

Olhe para as empresas de sucesso do seu ramo, o que elas fazem?

_____

Como aplicar isso dentro da sua empresa?

_____

Atividade 02

Diagnóstico de organização e controle

Como já vimos, muitos empresários estão completamente perdidos! Não sabem se estão tendo lucro ou prejuízo nas suas operações. E você? Sabe qual o retorno do investimento que fez?

_____

Sabe qual o DRE?

_____

Tem o controle real do seu fluxo de caixa e do seu capital de giro?

_____

Quanto gasta com impostos?

_____

Qual a sua despesa com pessoal?

_____

E suas despesas fixas?

_____

Agora, vamos às soluções... O que você pode fazer esta semana para mudar esse quadro?

_____

Como pode assumir a responsabilidade e tomar as rédeas da sua empresa?

_____

Como irá mudar esse quadro?

_____

Quem pode ajudá-lo nesta tarefa?

_____

Lembre-se de algumas verdades:

- Se sua empresa não tiver lucro é sinal que você está sendo incompetente como gestor!
- Não ter organização e controle de sua própria empresa é agir de forma irresponsável.
- Louco é o empresário que atua sem gestão, colocando as pessoas envolvidas na empresa em perigo!

Atividade 03

A Lei de Pareto ou princípio 80/20

Agora, quero levar você a pensar sobre o **FOCO**... Será que você está dando foco nas coisas essenciais?

_____

Nas coisas e situações que lhe dão retorno?

_____

Onde deve estar sua atenção?

_____

Onde deve colocar suas forças?

_____

Como descobrir o que é mais importante para a sua gestão e sua empresa?

_____

Neste momento, preciso trazer outro conceito importante para ajudar na nossa caminhada rumo à disciplina e ao sucesso. O sociólogo e economista italiano **Vilfredo de Pareto** criou uma regra que ficou conhecida como a **Lei de Pareto** ou como **princípio 80/20**. Essa lei pode ser resumida da seguinte forma: **80% dos resultados são produzidos por apenas 20% das causas.**

Deixe-me exemplificar como funciona essa lei:

- 80% da renda de uma nação está nas mãos de apenas 20% da população;
- 80% dos crimes são cometidos por apenas 20% dos criminosos;
- 80% da poluição mundial é causada por apenas 20% dos países;
- 80% dos acidentes de trânsito são causados por 20% dos motoristas;
- 80% das maiores notas são de apenas 20% dos alunos de uma turma;

- 80% dos resultados são alcançados por apenas 20% das suas ações.

Se você focar apenas neste princípio, já vai ganhar muito! Vejamos um exemplo prático...

Segundo esse princípio, 80% dos resultados são alcançados por apenas 20% das suas ações, então... Se conseguirmos mapear quais são essas ações, podemos focar e gastar mais tempo nelas, chegando a um resultado cada vez maior.

- Entendeu o conceito?

_____

- Fez sentido para você?

_____

- Como você pode aplicar essa lei nos seus negócios?

_____

- Entendeu por que este conceito é tão importante para a nossa caminhada?

_____

- Consegue pôr em prática?

_____

- Você consegue ver onde deve estar seu foco, suas energias e sua atenção?

_____

- Tire um tempo agora e escreva o que você pode modificar na sua gestão, usando este conceito.

_____

Atividade 04

Análise SWOT ou Matriz SWOT

Quero lhe apresentar a **Matriz SWOT** ou **Análise SWOT**, uma ferramenta muito usada para abrir sua mente para o quadro completo, baseia-se em seu ambiente interno e em seu ambiente externo. Nela, você pode definir quais são as forças, fraquezas, ameaças e oportunidades, decidindo quais as ações práticas que pode tomar.

A sigla SWOT é formada por quatro palavras: Strengths, Weaknesses, Opportunities e Threats. Traduzindo: Forças, Fraquezas, Oportunidades e Ameaças.

Enquanto as duas primeiras palavras (Forças e Fraquezas) referem-se ao ambiente interno da empresa, as duas últimas (Oportunidades e Ameaças) referem-se ao ambiente externo.

Ambiente interno

É definido como tudo que está dentro, faz parte ou pertence à empresa. Portanto, todos os fatores sobre os quais é possível intervir. Pessoal, cultura organizacional, maquinário, políticas de vendas, carteiras de clientes, tecnologias, sistemas de gestão e capacidade de investimento são exemplos de ambiente interno. Tudo que está dentro da empresa será classificado como **FORÇAS** ou **FRAQUEZAS**.

Forças – características de seu ambiente interno que representam uma vantagem. Exemplos: um restaurante que tem uma excelente localização, uma empresa que tem um grupo de vendedores extremamente qualificado e um departamento de marketing que sabe atingir o seu público-alvo.

Fraquezas – características de seu ambiente interno que desfavorecem sua empresa. Exemplos: uma fábrica de calçados que se localiza muito distante dos grandes centros, uma empresa com uma frota de caminhões antigos que precisam de muita manutenção e um hotel longe dos pontos turísticos e de difícil acesso.

Ambiente externo

É definido como tudo que está fora, são os fatores sobre os quais a empresa não tem controle. Clima, legislação, taxa de juros, câmbio, eleições, desastres naturais, políticas ambientais, guerras, embargos econômicos e crises econômicas são exemplos de ambiente externo. Tudo que está fora da empresa será classificado como **OPORTUNIDADES** ou **AMEAÇAS**.

Oportunidades – um fator externo que cria um cenário favorável para a empresa. Exemplo: pense como os hotéis e companhias aéreas lucraram com as Olimpíadas.

Ameaças – um fator externo que cria um cenário desfavorável para a empresa. Exemplo: imagine como um desastre natural, antes da alta temporada, pode afetar os hotéis e restaurantes de um local que vive de turismo.

Agora, vamos partir para a prática...

Forças

Quais são os fatores internos positivos que influenciam o desempenho do seu negócio?

_____

Vocês são bons em quê?

_____

O que fazem melhor que os outros?

_____

Sua equipe é boa em quê?

_____

Os seus clientes admiram o quê?

___

Qual sua vantagem competitiva? Quais são as forças da sua empresa?

___

Fraquezas

Quais são os fatores internos negativos que influenciam o desempenho do seu negócio?

___

Vocês precisam melhorar em quê?

___

O que faz que precise ser melhorado?

___

O que os seus concorrentes fazem melhor do que você?

___

Quais são os motivos de reclamação dos seus clientes?

___

Sua equipe passa por quais desvantagens?

___

O que está impedindo seu crescimento?

___

O que falta?

___

Oportunidades

Quais são os fatores externos que podem impactar positivamente o seu negócio?

_____

Quais mudanças que estão acontecendo irão ajudar o seu negócio?

_____

O mercado está favorável?

_____

Quais as oportunidades que pode aproveitar?

_____

Quais as novidades externas que podem acontecer?

_____

Posso conseguir novos fornecedores?

_____

Nova tecnologia?

_____

Ameaças

Quais são os fatores externos que podem impactar negativamente o seu negócio?

_____

Quem são os seus concorrentes atuais?

_____

Podem entrar novos?

___

O tamanho do mercado está diminuindo?

___

Existem mudanças no setor?

___

Pode aparecer uma nova tecnologia que não domina?

___

Tem algum suprimento fundamental ao seu negócio que está se tornando escasso?

___

Entendendo o quadro todo

Agora, vamos fazer algumas correlações entre os fatores da matriz. Leia o que você escreveu e pense quais as forças que podem potencializar as oportunidades que tem.

___

Quais as forças que podem combater as ameaças?

___

Quais as fraquezas que podem prejudicar as suas oportunidades atuais?

___

Quais as fraquezas que podem potencializar as ameaças que o rondam?

___

Quais as fraquezas que podem anular as forças que sua empresa tem?

Atividade 05

Ferramenta análise das forças (Matriz SWOT + PRINCÍPIO 80/20)

Agora, quero lhe apresentar uma ferramenta que desenvolvi, juntando a Matriz SWOT, o Princípio 80/20, o Coaching e a Inteligência Emocional... Vamos olhar para o quadro completo e depois vamos reduzir, usando o princípio 80/20.

Passo 01 – forças facilitadoras

(Forças + Oportunidades)

Quais são as forças e oportunidades que você escreveu anteriormente? Leia novamente. Agora, julgue! Quais dessas forças ou oportunidades são mais importantes ou que têm mais impacto para o seu negócio?

Junte todas essas forças e oportunidades em apenas quatro ou cinco características. Isso mesmo, reescreva aqui apenas quatro ou cinco forças ou oportunidades que mais impactam seu negócio.

Passo 02 – forças dificultadoras

(Fraquezas + Ameaças)

Agora, quais são as fraquezas e ameaças que você escreveu anteriormente? Leia novamente. Agora, julgue! Quais dessas fraquezas e ameaças são mais importantes ou que têm mais impacto para o seu negócio?

_____

Junte todas essas fraquezas e ameaças em apenas quatro ou cinco características. Isso mesmo, reescreva aqui apenas quatro ou cinco fraquezas e ameaças que mais impactam seu negócio.

_____

Passo 03 – forças + impactantes
(Forças facilitadoras + forças dificultadoras)

Agora, leia novamente as respostas do Passo 01 e do Passo 02. Agora, julgue! Quais dessas forças (Facilitadoras ou Dificultadoras) são as mais importantes ou que têm mais impacto para o seu negócio?

_____

Junte todas essas forças em apenas quatro características. Isso mesmo, reescreva aqui, apenas quatro forças que mais impactam seu negócio e que você escreveu no Passo 01 e no Passo 02.

_____

Passo 04 – as duas forças + impactantes

Agora, leia novamente as respostas do Passo 03. Agora, julgue! Quais dessas forças são as mais importantes ou que têm mais impacto para o seu negócio?

_____

Junte todas essas forças em apenas duas características. Isso mesmo, reescreva aqui apenas duas forças que mais impactam seu negócio e que você escreveu no Passo 03.

_____

Você conseguiu perceber que essas duas forças restantes impactam 80% dos seus resultados?

_____

Fez sentido para você?

_____

Deu mais clareza?

_____

Viu onde deve atuar com mais propriedade?

_____

Passo 05 – plano de ação

Defina, agora, 03 ações concretas e bem definidas para cada uma das 02 forças mais impactantes do passo 04. Seja específico e bem prático.

_____

Atividade 06

Reassumindo o controle

Agora, vendo o quadro geral e entendendo o princípio 80/20 e sabendo quais as forças que mais impactam seu negócio, quero lhe fazer algumas perguntas...

Como você pode se preparar para ser mais produtivo?

_____

Qual a rotina que precisa ter para alcançar seus objetivos empresariais e pessoais?

_____

Quem pode ajudá-lo para melhorar sua gestão administrativa, financeira, de marketing e de pessoal?

_____

Como pode reduzir em até 20% as despesas? Onde você pode cortar?

_____

Onde pode economizar?

_____

O que precisa mudar para manter os talentos na sua empresa?

_____

O que precisa ser feito para lidar com as pessoas improdutivas ou que roubam a sua energia e a do grupo?

_____

O que você precisa mudar para treinar melhor sua equipe?

_____

O que precisa ser feito para encantar seus clientes e fidelizá-los?

_____

O que precisa mudar na equipe de vendas, marketing e comercial?

_____

Atividade 07

Avaliando o seu emocional

Como você se descreve ao se ver agora?

_____

Que mudança teve ao ler esse texto até aqui?

_____

O que mudou?

_____

O que vai fazer diferente na sua empresa?

_____

Como se sente em relação ao que aprendeu?

_____

Você está confortável?

_____

O que você se dispõe a fazer para transformar sua realidade?

_____

O que o motiva a fazer essas mudanças?

_____

Se você alcançar os objetivos, o que ganha com isso?

_____

O que motiva você?

_____

Como estão seus sentimentos e emoções?

_____

Tem alguma crença ou bloqueio emocional que o atrapalha a alcançar seus objetivos?

_____

Seu emocional está sendo um aliado ou um inimigo das suas metas?

___

Como já conversamos, o maior desafio enfrentado por alguns é exatamente a área emocional. Muitas vezes, percebemos que uma pessoa tem recursos e talentos, mas não consegue colocá-los para fora. Estão paralisados, presos, como se não pudessem alcançar o que desejam, isso traz frustrações e um estado depressivo. A pessoa sente-se desmotivada, sem foco, sem energia e desequilibrada emocionalmente. Com isso, não consegue usar toda sua estrutura interna. Para alcançar resultados significativos, precisa estar bem consigo mesma! Se a pessoa, como indivíduo, não estiver bem em todas as suas dimensões, não alcançará o seu potencial máximo ou os resultados alcançados não serão sustentáveis!

A pessoa precisa investir em todas as áreas da sua vida. Precisa cuidar do físico, mental, social, emocional e espiritual para ter saúde completa e sucesso empresarial e pessoal. Por causa disso, criamos vários cursos para ajudar você nesta outra caminhada. Acesse www.institutoadvento.com.br e faça esses cursos de forma gratuita e 100% online.

Uma dica muito importante é fazer o MAPEAMENTO EMOCIONAL, acesse o meu site, faça este teste e veja como anda seu emocional.

Finalizando

Você conseguiu perceber que para alcançar o sucesso empresarial você precisa de disciplina na organização, no controle e na parte emocional?

___

Isso faz sentido para você?

_____

Quais são os *insights* que você teve?

_____

O que vai mudar na sua empresa a partir de hoje?

_____

Se puder me dar um *feedback* das mudanças e quais os benefícios que alcançou com este texto, vai me ajudar muito!

Já lhe agradeço por isso!

Agora, quero lhe agradecer e dizer que durante a leitura deste livro você terá muitas outras ferramentas e *insights* que o ajudarão na caminhada rumo ao sucesso empresarial.

Espero que tenha gostado do meu artigo. Se precisar de ajuda para ampliar sua caminhada, entre em contato. Estou a sua disposição!

Até a próxima!

foco
inteligência emocional
alta performance
equilíbrio
delegar
relacionamentos
lazer
competências

Sabotadores do propósito

André Guimarães

crenças sabotadoras
limitações
comunicação
qualidade de vida
planejamento

2

liderança
metas
procrastinação

André Guimarães

Graduado em Administração – Universidade Estadual do Ceará (Uece).

Atuou vários anos como gerente de RH e treinador.

Coach formado pela Sociedade Brasileira de Coaching.

Formação Internacional em Eneagrama – EPTP (Enneagram Professional Training Program) – Narrative Tradition School.

Formação em Eneacoaching – Iluminatta. Ensina Eneagrama há mais de 15 anos. Coordenador e coautor do livro *Coaching com Eneagrama*.

Practitioner em PNL – NLP Bandler.

Máster em PNL Sistêmica – Unipensi. Formação em Hipnose Ericksoniana – Iluminatta.

Fundador da Integrar Treinamentos – Escola de Eneagrama e Desenvolvimento Humano.

Sabotadores do propósito

Hoje, fala-se muito sobre propósito, missão, sentido de vida etc. No entanto, por mais que existam várias pessoas dizendo como buscar o seu propósito e trazendo "fórmulas" e dicas do que pode ser feito para nos conectarmos a tudo isso, são poucos os que falam sobre o que o impede de descobrir ou de, simplesmente, abraçar o seu propósito.

Neste capítulo será abordado um tema, que venho estudando, ao longo dos meus atendimentos de Coaching, chamado Comportamentos Sabotadores do Propósito, ou CSP.

Esse conteúdo é resultado da combinação das técnicas de Coaching e Programação Neurolinguística (PNL) aliadas ao Eneagrama (poderosa metodologia de autoconhecimento, que explica a existência de nove perfis de personalidade e define com clareza as principais motivações que estão por trás das atitudes das pessoas). A combinação dessas técnicas nos permite compreender o que paralisa cada pessoa diante do seu chamado.

É claro que, diante da complexidade do ser humano, sabemos que podem existir inúmeros Comportamentos Sabotadores (CSP), mas a proposta deste trabalho é apresentar os nove principais, que nos ajudarão a entender aonde estamos deixando a nossa verdade "ficar de lado".

Eles impactam também a missão profissional, o seu estilo de gestão e a sua carreira. Caso você seja um *coach*, poderá utilizá-los como norteadores nos processos dos seus clientes, ajudando-os a descobrir o que os está impedindo de se conectarem ao propósito.

Ao longo deste capítulo, vou trazer cada um dos CSP de forma resumida, para que você possa tomar consciência de qual é mais impactante na sua vida e, em alguns casos, trarei também ferramentas que você pode utilizar para aplicar consigo ou com seus clientes nos processos de Coaching, para mitigar os efeitos deles.

A seguir temos uma figura que retrata os nove Sabotadores (fatores que nos impedem de alcançar o que queremos).

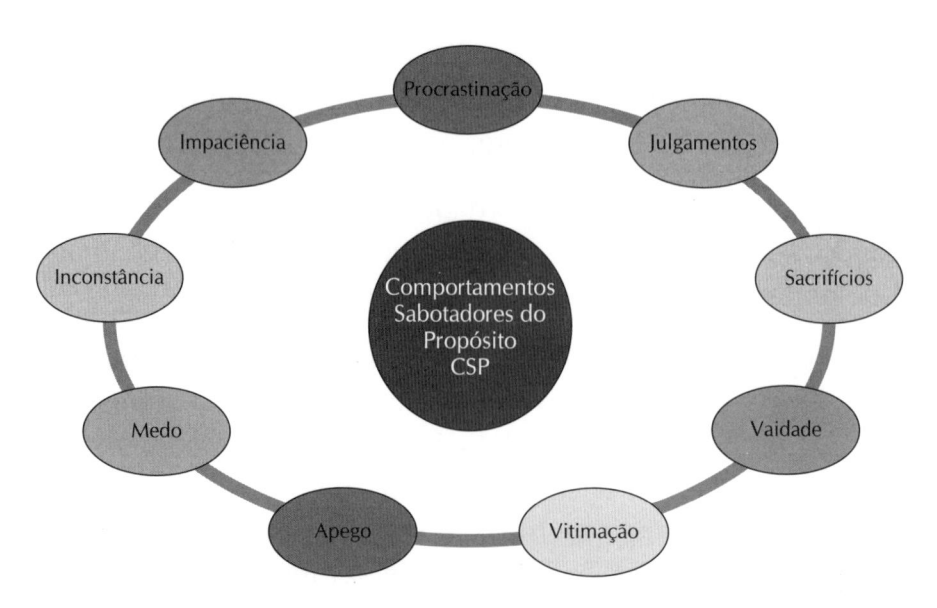

Julgamentos

Quantos de nós escolhemos a profissão por influência do que nossos pais, a sociedade ou alguém importante considera bom? Os julgamentos influenciam nossas atitudes e escolhas mais até do que imaginamos. Eles podem ser externos ou internos. Esses últimos são muitas vezes os mais impactantes.

Esse movimento de julgar-se é consequência da nossa Voz Julgadora, que tem a intenção positiva de nos proteger, mas que acaba por nos fazer desacreditar na nossa capacidade ou nosso valor.

Esse julgamento também pode partir de mim para o outro. Isso me faz desacreditar no trabalho das outras pessoas, o que gera um comportamento de centralização das atividades e/ou uma sensação de "levar o mundo nas costas".

Ele bloqueia o nosso propósito quando ignoramos a voz do Eu Quero fazer e passamos a escutar apenas aquilo que o Eu Tenho que fazer nos diz. Veremos alguns exemplos de pensamentos (ou crenças limitantes), quando esse CSP está em ação:

"Não sou bom o suficiente"; "Essa profissão não vai lhe dar dinheiro, nem futuro"; "Nós somos uma família de advogados, como posso escolher outra coisa?"; "O que meus pais vão pensar de mim, se eu disser que quero fazer outro curso na faculdade?"; "Acho que é muito difícil passar em Medicina".

O importante é diferenciar o que esse CSP lhe diz do que realmente você quer. Entendendo que, segundo a PNL, por trás de toda ação existe uma intenção positiva. Para isso, sugiro a você fazer o exercício a seguir, como meio de trabalhar os seus julgamentos ou ressignificar suas crenças limitantes:

Exercício 1

Técnica Matriz de ressignificação de julgamentos

(autoria de André Guimarães)

1. Toda noite você pode preencher a planilha a seguir, analisando os julgamentos e acolhendo a intenção positiva por trás deles. Verifique o exemplo.

Julgamento (ou crença limitante)	Quem está me dizendo isso?	O que ganho com esse pensamento?	O que perco com esse pensamento?	Qual a intenção positiva que está por trás?	O que quero colocar no lugar? (crença positiva)
Não sou bom o suficiente	Meu crítico interno.	Evito me desgastar com algo novo.	Autoestima Oportunidades Minha paz	Evitar a frustração.	Eu consigo tudo o que quero.
Essa profissão não vai lhe dar dinheiro, nem futuro.	Meu pai	Zona de conforto de escolher algo seguro.	Meu propósito Autoestima Motivação	Evitar passar necessidades materiais.	Tudo o que faço gera resultado.

2. Após definir a crença positiva, você pode se perguntar: "Como seria se eu fosse uma pessoa que... (complete com sua crença positiva)?"

_____

3. Depois anote no seu caderno que atitudes construtivas uma pessoa com essa crença positiva teria diante dos desafios da sua vida hoje.

_____

4. Escolha uma das atitudes, por dia, e foque na inclusão dela na sua vida.

_____

Exemplo – crença 01

Como seria se eu fosse uma pessoa que consegue tudo o que quer?

Atitudes Construtivas
1 – Expressaria minha opinião sempre que fosse importante para mim;
2 – Veria o lado positivo das situações;
3 – Leria ou estudaria assuntos que desenvolvessem uma mente positiva.

Sacrifícios

Outro comportamento sabotador do propósito (CSP) é nos sacrificarmos para agradar outras pessoas. Quantas vezes você se percebeu renunciando a algo que era muito importante para você apenas para não magoar alguém de que você gosta?

_____

Quando convivemos com outras pessoas é importante entendermos que existem necessidades a serem atendidas para todas as partes. O importante é descobrir que necessidades você está negligenciando pelos outros. Quais estratégias você utiliza para isso?

_____

- É renunciar a uma oportunidade de trabalho?

_____

- É sacrificar o convívio com sua família?

_____

- É perder oportunidades de crescimento profissional, alegando que tem alguém dependente de você?

_____

- É deixar de morar em outro país ou cidade porque seus pais não querem ficar longe?

Quando você observar que esse CSP é presente em você ou no seu cliente de Coaching é importante ajudar essa pessoa a ter clareza do impacto dele nos resultados da vida.

Normalmente ele gera um padrão de evitar dizer Não para os outros. No ambiente profissional isso gera sobrecarga de trabalho e acomodação da equipe.

Como uma estratégia para anular esse sabotador, sugiro o mapeamento das necessidades, que é uma técnica inspirada nos conceitos da Comunicação Não Violenta.

Exercício 2

Técnica Matriz de Necessidades
(autoria André Guimarães)

Preencha a Matriz das Necessidades, para verificar quais estão sendo negligenciadas e o que pode ser feito diferente.

Ação / Estratégia	Necessidade negligenciada por você.	A quem busca atender?	Que necessidade dessa pessoa está atendendo?	Qual a nova estratégia? (O que fará diferente?)
Chego tarde, toda noite, em casa.	Descanso Convívio Lazer	Meu chefe	Comprometimento Apoio	Alinhar com o chefe um planejamento das entregas.
Meu líder é grosseiro comigo.	Respeito Valorização	Meu líder	Apoio	Marcar reunião para abordar e resolver o tema.

Vaidade

Para explicar esse terceiro sabotador eu vou trazer a origem da palavra Vaidade, que vem de *Vanitas* (no latim), que representa atribuir valor ao que é vazio. Quando ela entra em ação faz o nosso foco se direcionar ao que tem mais valor material ou como eu posso parecer melhor diante dos outros.

Esse Sabotador age sobre as pessoas fazendo-as se questionarem sobre: "Será que o meu propósito será visto como algo grandioso pelos outros? Será que meu propósito vai gerar uma imagem de sucesso para os outros?"

Quando você acompanha alguém no Coaching e percebe que ele está sendo conduzido por esse CSP, é importante você questioná-lo sobre: "O que você está querendo provar para os outros? Para quem exatamente você quer mostrar que seu propósito tem valor?"

Muitas pessoas que sofrem a ação desse comportamento tendem a focar excessivamente nos resultados profissionais e acabam negligenciando as outras áreas da vida. A grande questão é que pode chegar um momento em que essas áreas esquecidas desmoronam e levam junto todo o esforço que foi investido na construção do Legado.

Exercício 3

Vislumbrando o Legado
(inspirado no livro *Desperte o gigante interior*)

Conduza um exercício de visualização (existem várias

técnicas no Coaching e na PNL) levando a pessoa a vislumbrar o momento da conquista desse propósito e, durante a técnica, pedir para o participante verificar quem está presente naquele momento. Aborde as seguintes perguntas de reflexão:

- Você está sozinho? Faz sentido conquistar tudo isso sem ter alguém para celebrar com você?
- Qual a sensação que tem ao ver as pessoas importantes para você?
- Para quem realmente você tem construído esse legado?
- É importante o legado continuar existindo mesmo depois da sua partida?
- Com as atitudes que tem tido hoje, essas pessoas importantes continuarão perto para celebrar o legado?
- Se o legado é aquilo que deixamos para o mundo e como seremos lembrados por ele, o que você tem deixado?
- O que pode fazer de diferente para construir seu legado sem deixar de aproveitar o momento presente com as pessoas importantes da sua vida?

Vitimização

O quarto CSP é um dos que mais tem sido falado pelos *coaches* atualmente. É quando nós entramos no processo de sermos vítimas das circunstâncias da vida e das pessoas à nossa volta.

Quantas vezes temos "dado poder" aos outros para determinarem a nossa felicidade? É comum ouvirmos algumas colocações como:

- "Estou esperando que ele tome a atitude de acabar com o relacionamento".

- "Eu sei que sou exigente, mas a culpa é dos outros, que fazem tudo errado".

- "Depois de tudo o que fiz pelos outros, ninguém reconhece, por isso eu me fecho".

- "Ninguém me aceita do jeito que eu sou".

- "Não importa o que eu faça, sempre me dou mal no final".

- "Não sou eu que bato forte, os outros é que são sensíveis e não me compreendem".

Na Programação Neurolinguística existe um pressuposto que diz: "A energia vai para onde está a atenção". Isso significa que, para reduzirmos o impacto desse CSP, é importante fazermos um exercício contínuo de perceber onde está a nossa atenção.

O grande antídoto para esse CSP é incluir na nossa vida a prática da autorresponsabilidade. Quando assumimos o protagonismo da nossa vida trazemos também um grande poder para nós, o que gera uma nova perspectiva das situações. Uma dica que deixo é de você se aprofundar neste tema, sobre o qual já existem muitos livros trazendo conceitos e práticas.

Outra temática importante é a prática diária da Gratidão. Quando focamos no que já existe de positivo na nossa vida, não sobra tempo e motivação para focar no que está faltando.

Exercício 4

Identificando o foco

Este exercício é para ser aplicado com outra pessoa ou em grupos. Ele serve para introduzir uma temática para uma sessão de Coaching ou para treinamentos.

Identifique no ambiente duas cores que sejam marcantes (pode ser nos objetos, paredes ou roupa das pessoas). Exemplo: pode ser branco e azul ou vermelho e amarelo. (Obs.: Não precisa que existam muitos itens com essas cores, mas é necessário que tenha algo no ambiente e que seja possível o participante visualizar).

Peça ao participante para observar todo o ambiente em que ele se encontra e, enquanto você conta 10 segundos, ele identifica tudo que tenha uma determinada cor (por exemplo, vermelho). Quando você terminar de contar, peça para ele fechar os olhos e, mantendo-os fechados, dizer tudo que existe da outra cor que você escolheu (exemplo: amarelo).

Normalmente as pessoas focam tanto na primeira cor que raramente percebem objetos de outras cores. Isso servirá para você fazer duas perguntas, que irão estimular a reflexão e a temática da sessão de Coaching ou treinamento. São elas:

- Aonde estou focando minha atenção? Nas dificuldades ou nas soluções?

- Qual o aprendizado que eu tiro desse exercício?

- Se eu pudesse focar somente no positivo, o que mudaria na minha fala e nas atitudes?

Apego

O quinto CSP é aquele que nos impede de ousar, de experimentar coisas novas, de ter novos aprendizados. Esse apego pode estar relacionado a pessoas, relacionamentos, bens materiais, ao tempo e a comportamentos e crenças.

Quando estamos apegados demais a algo fica desafiante perceber o que de novo a vida pode nos proporcionar. Nas empresas e no desenvolvimento da liderança, isso pode se tornar um fator limitador do crescimento profissional e da equipe. Quando nos apegamos "àquele jeito de fazer as coisas" torna-se doloroso o processo de inovar. Hoje sabemos o quanto se fala sobre criatividade e inovação e o quanto isso tem se mostrado um diferencial e um fator de sobrevivência para empresas e profissionais.

Quantas pessoas permanecem em relacionamentos fracassados pelo medo do novo? Mudar é um dos maiores medos que a humanidade conhece. E para você? Como é mudar?

É comum algumas pessoas desistirem do seu propósito por acreditarem que ele não "serve" ou "não é para elas", mas na realidade a questão não está no propósito e, sim, na estratégia que elas escolheram para alcançá-lo. Cabe a você se perguntar:

- Eu estou apegado a essa estratégia?
- Sou capaz de pensar outras maneiras de alcançar o resultado que eu quero?

Exercício 5

Modelagem (proveniente da PNL)

Quando queremos sair do nosso padrão, que não traz resultados positivos, é importante ampliarmos nossa perspectiva e para isso é fundamental termos modelos de pessoas bem-sucedidas no que estamos buscando.

Na PNL existe uma técnica para assimilarmos competências que nossos modelos possuem, caso você saiba essa técnica, pode aplicá-la. Se não a dominar, pode utilizar as perguntas a seguir como ponto de partida para a construção de um plano de ações para a realização da sua mudança.

- Que pessoas eu considero modelos de sucesso, no que eu estou buscando, e que podem servir de referência para mim?

- Como elas fazem para ter sucesso?

_____

- Que conhecimentos, habilidades e comportamentos eles têm que posso desenvolver?

_____

- O que estou disposto a renunciar para alcançar o que eu quero?

_____

- O que eu vou ganhar e perder com essa mudança?

_____

- O que posso fazer para os ganhos serem maiores que as perdas?

_____

- Qual será o meu primeiro passo em direção à mudança?

_____

Medo

Esse CSP está sempre presente nas nossas vidas, afinal, ele é uma das emoções básicas e um dos fatores que garantem a nossa sobrevivência. O grande desafio é quando o deixamos dominar nossa mente e nos paralisar. É quando, na busca pelo propósito, ele faz nos sentirmos incapazes e inseguros.

Assim como os julgamentos, os medos podem vir de dentro ou de fora. Nós temos medos que nos pertencem e outros que nós assimilamos através das projeções das pessoas com quem convivemos.

É comum filhos terem o sonho de construir algo grande

na vida e os pais, tomados pelo seu próprio medo, inconscientemente desmotivarem e desacreditarem os filhos. É comum, na expectativa de proteger os nossos entes queridos, projetarmos nossas crenças limitantes, e duvidarmos da capacidade de eles realizarem algo, apenas por nós mesmos não conseguirmos acreditar que seja possível.

Eu pergunto a você, leitor:

- Quantas vezes você deixou de lado os seus sonhos, por dar ouvidos aos medos e dúvidas dos outros?

- Quantas vezes você deixou de acreditar em si mesmo porque alguém importante para você duvidou da sua capacidade?

- Que preço você pagou ou vem pagando por acreditar mais nos seus medos do que em si mesmo?

- Como seria se, a partir de hoje, você acreditasse no seu coração com a mesma certeza que acredita nas suas dúvidas?

Exercício 6

Acolhendo minhas capacidades

É muito importante acolhermos aquilo que fazemos de bom, um dos meios mais eficazes é abordarmos as pessoas em quem confiamos e pedirmos sua ajuda para vermos o que se encontra no nosso EU CEGO (isso é um conceito da ferramenta da Psicologia chamada Janela Johari).

O exercício consiste em, durante sete dias, todo dia, você abordar uma pessoa em quem você confia e pedir para ela dizer três características positivas, que ela colocaria estampada em uma camiseta, que representasse você.

No dia seguinte ao que a pessoa lhe deu o *feedback*, o seu exercício é perceber em você essas características. Fique com sua atenção voltada para os seus comportamentos e tome consciência de como isso se manifesta em você. Ao final do dia, registre em algum caderno em quais situações você percebeu a manifestação dessas características positivas.

Inconstância

Esse Sabotador age em dois aspectos principais: perda de foco e falta de acabativa. Quando estamos sob a ação dele é comum entrarmos em um movimento de desmotivação ou tédio, por consequência de termos que lidar com rotinas e disciplina ou nos mantermos durante longos períodos de tempo focados em algo.

As pessoas que se distanciam do seu propósito sob a ação deste CSP é porque olham para o horizonte e começam a encará-lo como algo distante, que necessita de muito esforço, e isso desperta a ideia de ser algo "pesado" e enfadonho. Sendo assim, acabam procurando algo que traga recompensas imediatas e mudam de direção, alegando que esse é o "novo caminho", a "grande oportunidade" que surgiu.

Esse Sabotador gera na pessoa a perda de foco, que passa a buscar a nova oportunidade, sempre que surge algo mais prazeroso ou empolgante. A falta de acabativa surge como decorrência da dificuldade em permanecer muito tempo focado, o que faz a pessoa pular de uma atividade para outra.

Atualmente muitas pessoas que estão sob a ação deste CSP costumam se autodenominar de multitarefas, pois seu foco está disperso em várias atividades simultaneamente, ou ficam oscilando, conforme o nível de empolgação ou de urgência com a tarefa.

Exercício 7

Técnica de Mindfullness

Mindfullness é um conjunto de práticas que nos conduzem ao estado de atenção plena. Nele ficamos focados e centrados, mantendo nosso estado de presença. Aqui será indicada uma técnica que pode ser aplicada em qualquer lugar e em qualquer momento.

Sente-se de forma confortável, mas em que evite relaxar demais e dormir ou que curve sua coluna, para não interferir na respiração.

Você irá respirar lenta e profundamente, com total atenção na respiração, e a cada ciclo (inspirar e expirar) você faz uma contagem. O ideal do exercício é respirar até 21 ciclos em atenção (caso surjam pensamentos, basta deixá-los irem e continuar respirando). Caso você perca a contagem é importante recomeçar. Você pode evoluir nessa técnica até conseguir fazer sete sequências de 21 respirações.

Impaciência

Esse Sabotador desvia muitas pessoas do seu propósito, por não entenderem o tempo de maturidade necessário para alcançar o objetivo.

Essa impaciência age fazendo a pessoa ser rude e até agressiva com as outras, por muitas vezes encará-las como obstáculo do seu propósito. Isso faz com que elas magoem muitas pessoas importantes na caminhada.

Existem duas consequências impactantes desse mecanismo na vida das pessoas, que são: Ansiedade e Frustração.

Quando esse CSP age sobre nós, ele leva nossa mente para o futuro e nos aprisiona nele, onde passamos a viver e experimentar a incrível sensação de imaginar como será quando alcançarmos o que queremos. No entanto, ainda permanecemos no presente. Porém, quando tomamos consciência disso e da distância que existe entre os dois momentos, passamos a querer apressar ao máximo a chegada.

É como se o único prazer e sentido viessem do futuro e tudo no presente torna-se opaco e sem empolgação. Meu foco está no resultado e esse está no futuro. Qualquer coisa no caminho desperta raiva e inquietação. É necessário chegar logo no final, então a frustração aparece. Ela surge quando eu percebo que não consigo chegar no tempo que eu quero, mas pode surgir também quando eu chego lá e descubro que já não é tão empolgante quanto eu imaginava. Talvez por eu já ter vivido grande parte da adrenalina nas visualizações que fazia, ou foram se esgotando com os muitos desgastes enfrentados para alcançar o propósito.

Um último aspecto deste CSP é quando as pessoas começam a se questionar se aquele propósito vai prover um futuro estável financeiramente. Isso pode gerar uma insegurança em manter-se nele e, pela impaciência, acabar correndo para o que garante a segurança financeira imediata.

Exercício 8

Dividindo a meta

Um exercício importante para pessoas que estão sob a ação deste CSP é detalhar o planejamento o máximo possível, criando metas curtas, até semanais (dependendo do nível de ansiedade) e exercitar focar apenas em uma pequena meta por vez. Outro aspecto importante é criar marcos de celebração. Ao longo do projeto do propósito definir ao menos sete marcos, que seriam indicadores de resultado. Ao conquistar cada marco desses, é importante a pessoa se presentear com algo que goste. Para desenvolver a sensação de realização e evolução.

Procrastinação

Chegamos ao último Comportamento Sabotador do Propósito (CSP). Esse é um dos mais fortes e presentes no mundo de hoje. É nele que reside a zona de conforto, que nos mantêm com a falsa sensação de que está tudo bem. Assim, ficamos nos enganando ou deixamos de evoluir e logo nos percebemos ultrapassados.

Procrastinar é deixar para depois o que pode ser feito agora. Mas para quem está sob a ação deste CSP existe uma boa justificativa para isso ser feito. É por isso que um dos comportamentos derivados desse CSP é a racionalização.

Quando nós percebemos a ação e temos consciência do que precisa ser feito, logo vem o pensamento: "Será que adianta mexer nisso?", "Será que é o melhor momento?", "Não vale a pena me estressar com isso ou com ele(a)?" "Não adianta eu investir nisso, porque já existem muitas outras pessoas fazendo igual ou melhor..."

Esses pensamentos (racionalizações) surgem como boas justificativas para que eu não tenha iniciativa! Normalmente quem se encontra preso nesse CSP sabe que o desafio está em começar, pois seguir o fluxo depois de iniciado torna-se a nova zona de conforto.

Cabe a você ou ao seu cliente de Coaching refletir:

- Que situações ou pessoas disparam a procrastinação em mim?

_____

- Como a procrastinação opera na minha vida?

_____

- O que eu faço no lugar do que seria importante fazer?

_____

- O que realmente eu preciso dizer ou fazer neste momento da minha vida?

Exercício 9

Vencendo a procrastinação

A procrastinação tem atuação na mente, no coração e no corpo. Quando o cliente já sabe seu propósito e isso é certo no coração dele, o importante é ir para a mente e escrever o plano do papel. Depois, diariamente, ele define uma atividade central do dia. Nessa ele vai manter o foco durante vários momentos do dia até concluir.

Para isso é importante colocar o alarme do seu celular em três horários diferentes do dia e, no momento em que ele despertar, você se pergunta e responde falando (é importante falar pois atuará em mais de um canal de comunicação – verifique na PNL):

- O que estou fazendo e pensando agora?

- O que seria importante eu estar fazendo e focando?

Observação

Para vencer a procrastinação no corpo é importante praticar atividade física logo cedo. Recomendo como complemento desse exercício a leitura e prática dos ensinamentos do livro *O milagre da manhã*. Se você gostou deste conteúdo, convido-o também a ler os livros *Coaching com Eneagrama* e *Eneagrama com PNL*, da Editora Leader. Eles lhe darão a base de onde vieram os sabotadores e apresentarão outras dicas práticas de como desenvolver seus *coachees*.

foco
inteligência emocional
alta performance
equilíbrio
delegar
relacionamentos
lazer
competências

Coaching e a Psicanálise – Estar bem para fazer o bem

Cintia Castro

crenças sabotadoras
limitações
comunicação
qualidade de vida
planejamento

3

liderança
metas
procrastinação

Cintia Castro

Psicanalista, psicoembrióloga, consultora DISC®, *coach*.

Consteladora Familiar Sistêmica atuando em atendimento clínico individual e em grupo. Atendimento Presencial e Online.

Coaching e a Psicanálise – Estar bem para fazer o bem

A manutenção da saúde mental e emocional é algo cada vez mais importante na vida de profissionais autônomos que vivem à base de pressão, cobranças internas e externas, e cresce a procura por meios nos quais possam extravasar o estresse. Segundo a OMS (Organização Mundial da Saúde), o Brasil tem a maior taxa de transtornos de ansiedade e está em quinto lugar nos casos de depressão do mundo.

E isso não é diferente para os profissionais de Coaching. Esse profissional auxilia o *coachee* a trabalhar sua performance e atingimento de resultados na vida pessoal (pensar melhor, emagrecer, cuidados com a saúde, o porquê de procrastinar, relações de afeto etc.) e na vida profissional (carreira, transição, reconhecimento pessoal, treinamento e desenvolvimento), além de separar o que realmente é tangível do que é realidade fantasiosa e acaba inúmeras vezes encaminhando seu cliente para uma terapia analítica quando suas questões são mais profundas e tratam das suas ancestralidades, pois o mesmo não trabalha com traumas e conflitos internos.

Mas, para que o *coach* e outros profissionais consigam realizar seu trabalho, antes de mais nada, eles têm que cuidar da sua própria saúde mental, emocional e física, através de inúmeras práticas de autoconhecimento e relaxamento: terapia, meditação, prática de esporte, yoga, contato com a natureza, entre outras, e assim aprender a se desconectar do seu cliente e conectar-se com o seu EU.

Isso serve também para os gestores de empresas e de pessoas que têm de saber gerir inúmeras pressões, ouvindo seus colaboradores, motivando sua equipe para alcançar metas, organizar cronogramas, incentivar o lazer, união e, o principal, saber lidar com as emoções e manter-se equilibrado neste momento cuidando da sua saúde mental e emocional devido à grande demanda que lhe é dada.

O exercício físico na maioria das vezes é conhecido apenas pelos benefícios para a saúde física, mas na verdade é muito mais abrangente, começando hoje a fazer parte do cotidiano das pessoas, servindo de prevenção e tratamento para várias patologias. A Neurociência através da Neuroplasticidade vem pesquisando há mais de 15 anos a relação entre o cérebro x exercício. A regularidade do exercício produz intensa atividade no hipocampo, melhorando a memória, o aprendizado e a prevenção de demência.

O exercício aeróbico, em especial, tem efeito desde o sistema molecular até o nível comportamental. Com o aumento do fluxo sanguíneo para o cérebro, aumenta o fornecimento de oxigênio e glicose, necessários para executar suas tarefas com atenção e concentração mental. Danos nestas áreas prejudicam o lado cognitivo.

Alguns exemplos de como é importante para o profissional da saúde mental realizar práticas esportivas é a depressão ocasionada inúmeras vezes por não conseguir se entender como indivíduo ou pela autocobrança, e em pessoas com altos níveis de sintomas depressivos as atividades físicas têm um efeito mais preventivo ainda. Na ansiedade, os exercícios reduzem os níveis dela centrando o indivíduo nas atividades que se propõe a fazer. Nos casos de estresse os exercícios, quando praticados de forma moderada e adequada, auxiliam seu controle. Caso contrário, o estresse pode aumentar se a prática esportiva virar obrigação ou se tornar dependência (o indivíduo fica estressado, irritado se não consegue realizar o esporte todos os dias).

O exercício, quando realizado corretamente e periodicamente sem causar dependência como forma de fuga dos seus conflitos emocionais, causa um bem-estar tanto físico como psicológico, aumentando a autoestima, humor, sono, confiança e o convívio com as outras pessoas que fazem parte do seu círculo pessoal e profissional.

"A atividade física tem como papel principal trazer resultados físicos em qualidade de vida e estéticos, mas o que não se espera ou se busca muito é o excelente benefício da saúde mental que se é possível conquistar, evitando depressão, ansiedade ou acúmulos de estresse devido à falta de equilíbrio hormonal que a falta de atividade física proporciona. *Coaches* são basicamente as pessoas que vão motivar, inspirar e serem heróis de seus clientes, normalmente são pessoas que necessitam muita da atividade física, desde qualidade de vida à autoestima, fazendo da atividade física uma peça fundamental em seu trabalho, como se fosse uma armadura para ir para as batalhas com seus clientes". (Marcos Malvão Junior, CREF 118816-G\SP).

O yoga auxilia em diversos tratamentos de desordens mentais como ansiedade, síndrome do pânico, deficit de atenção, estresse, bipolaridade no tratar da vida. Praticado com regularidade previne os gatilhos que podem provocar o desequilíbrio físico e emocional. Por ser mais profundo, trabalha com a estabilidade interna, externa e mental, necessitando do desligamento de qualquer outro pensamento, sendo necessária a concentração exclusiva na respiração para obter uma conexão pessoal. Já a meditação trabalha mais o mental, a partir da entrega plena é possível ter o controle das emoções e da respiração, bons pensamentos e foco, sendo essencial para a realização correta dos movimentos do yoga, melhorando a relação entre corpo e mente. Um benefício pouco conhecido do yoga/meditação é o emagrecimento e fortalecimento do sistema imunológico, alcançando estabilidade física e emocional. A meditação e o yoga têm ligação entre si, mas não são essencialmente a mesma coisa.

"Como dar aquilo que não se tem? Hoje em dia, profissionais da saúde mental não se dão conta da sua própria saúde mental. O ciclo de doentes tentando curar doentes continua... e algumas das ferramentas que o yoga proporciona e pode ajudar nesse processo são meditação pranayanas (técnicas de respiração) e assanas (posturas corporais). Ferramentas que trazem mais qualidade e conhecimento da respiração e do corpo físico trazendo aprimoramento para meditação e corpo mental que é onde você encontra sua verdadeira cura. Yoga é autocura e autoconhecimento e por este caminho a relação médico e pacientes ficará mais fácil" (Ronaldo Calabró, professor de Yoga e Meditação).

Há uma inter-relação entre os sistemas fisiológico, energético, emocional e psíquico. Existem estudos, através de exames de ressonância magnética, que comprovam que a yoga modifica a estrutura cerebral, ampliando a massa cinzenta e estabelecendo novas redes neurais, que de forma branda revelam um novo movimento, sentir e agir.

O processo terapêutico psicanalítico se baseia na associação livre de ideias (abstenção de reflexão consciente e que se abandona em um estado de tranquila concentração, para seguir as ideias que involuntariamente lhe ocorrem), em que o indivíduo acessa seu inconsciente e consegue trabalhar conflitos de forma consciente e inconsciente da infância que acarretam danos à vida adulta. Os profissionais que trabalham à base de grandes pressões conseguem através da terapia e orientação do psicanalista adquirir novos hábitos como os citados acima e também conseguem descarregar e compreender as suas cobranças internas, o que auxilia a entender o seu cliente. Como trabalhar as metas, objetivos e dificuldades do outro se os seus não estão em ordem? Por isso a importância de uma boa análise semanal com um profissional competente e com quem ele possua empatia e confiança e uma supervisão individual ou em grupo na qual pode encontrar estratégias para ajudá-lo ouvindo outros *coachees*. Quando o profissional assume o papel de salvador tem que olhar para suas próprias necessidades e perguntar o que tem deste cliente que tem de ser visto e tratado em mim. O *coach* não pode fazer o papel de vítima, se envolvendo nos problemas dos clientes. Quando o profissional não desassocia o conteúdo do seu cliente com a sua própria história, poderá somatizar sem perceber a ligação, cabe ao psicanalista auxiliar o profissional a fazer suas próprias escolhas e encontrar seu EU interno.

Quando falamos do EU, nos referimos à importância do entendimento da teoria do funcionamento mental. Pelos ensinamentos de Freud, os processos mentais são regulados pelo princípio do prazer, definido por ele desta forma: "O que decide o propósito da vida é simplesmente o programa do princípio do prazer. Esse princípio domina o funcionamento do aparelho psíquico desde o início" (FREUD, 1969, pág. 94).

Freud denomina de pulsão o conceito entre psíquico e o somático, força que circula no aparelho neuronial, elevando as excitações do corpo até a mente, todo estímulo endógeno e exógeno necessita ser descarregado de alguma forma motora (por exemplo, correr, caminhar, pular, beijar, rir, dançar) como modo de aliviar as tensões do aparelho neuronial.

O princípio do prazer (força do prazer) é responsável pelo

inconsciente e secundariamente o princípio da realidade (grande regenerador) é responsável pelo consciente, dois principais reguladores do funcionamento psíquico, um elo que atua entre os conflitos internos e externos.

Segundo Freud, a estrutura da mente é tripartida: ID (Isso), EGO (Eu) e Superego (Sobre Eu).

Para elucidar, o ID domina o inconsciente e as pulsões primárias, domina o princípio do prazer, responsável pela satisfação da pulsão, onde não existem inibições ou censura. O Ego domina o princípio da realidade, representa o exógeno, substituindo o princípio do prazer pelo princípio da realidade, um mediador.

"A percepção é para o ego o que para o ID é a pulsão. O ego representa o que nós podemos chamar de razão ou reflexão, opostamente ao ID, que contém as paixões" (FREUD, 1948, pág. 1.196).

Os conflitos externos (pertencendo ao mundo) e os conflitos internos (pertencendo ao EU) dão origem a outro princípio que rege o funcionamento mental: o da realidade.

O Superego é responsável pelo princípio da realidade, processo secundário, que segundo Freud tem a função de satisfazer o máximo possível os desejos do ID, as pulsões da autoconservação existente no mundo exógeno (se opõe ao princípio do prazer), não para anulá-lo mas para mediar os impulsos do ID pelos valores éticos, morais, sociais, o certo e errado, bom e mal. Ele se desenvolve a partir do amadurecimento da personalidade e da vida em sociedade, originado na infância através das frustrações e castrações. Analisando pela metafísica freudiana, pode ser caracterizado por três pontos: Ponto Econômico, transformação da energia livre em energia ligada; Ponto Tópico, sistema pré-consciente e consciente; Ponto Dinâmico, tipo de energia pulsional que está a serviço do ego.

É importante salientar que todo profissional que trabalha com carga psíquica, independentemente do gênero, pressão, aspecto socioeconômico, metas, cobranças por resultados, sendo emocional ou não, se não souber administrar e descarregar corretamente tudo que absorve costuma assombrar, já que somos canais de energia, podendo adoecer tanto fisicamente como emocionalmente. Devido à vida moderna que, se não causa, pode despertar atividades explosivas ou agressivas, através de doenças autoimunes, depressão, ansiedade, insônia, irritabilidade, dificuldade de concentração, dores físicas sem justificativas, desequilíbrio energético, mudança de humor, psoríase, não conseguindo atuar na sua área de forma correta. É fato que, quanto mais experiência de atuação, melhor é a administração do tempo e suporte emocional. As pressões que as redes sociais acirraram e o grande acesso a informações são alguns fatores que podem agravar sintomas de pessoas que possuem transtorno de ansiedade e estresse.

Quando consegue ser exteriorizado, tudo que um profissional ouvinte escuta acaba sendo libertador. Ser somente "esponja" dos anseios alheios, mas não saber administrar a sua saúde mental, emocional e física que juntos formam uma engrenagem perfeita, acabará acarretando para si mesmo transtornos físicos e mentais, obrigando o indivíduo a parar para se ver, sentir e respeitar as suas próprias emoções e limitações, por isso a importância de cuidar do seu EU interior através da terapia psicanalítica.

Cuidar e ser cuidado, ver e ser visto, amparar e ser amparado, só sabe orientar quem é orientado, só sabe curar quem é curado, só sabe ensinar quem de verdade reconhece que nada sabe e que a vida é uma eterna troca de aprendizado do desenvolvimento humano na íntegra.

"Conheça todas as teorias, domine todas as técnicas, mas ao tocar uma alma humana seja apenas outra alma humana."

Carl Gustav Jung

foco
inteligência emocional
alta performance
equilíbrio
delegar
relacionamentos
lazer
competências

Coaching: um parceiro para organizações, liderança e desenvolvimento humano no admirável século XXI

Érika Astrid Rossi

crenças sabotadoras
limitações
comunicação
qualidade de vida
planejamento

4

liderança
metas
procrastinação

Érika
Astrid Rossi

Especialista em Desenvolvimento de Organizações e Pessoas, atuando como consultora, mentora e *business executive coach* de Ressonância Organizacional e Liderança. A sua ampla experiência como executiva e especialista de RH e Negócios fornece apoio à sua missão como consultora e coach. Uma paixão autêntica por Pessoas e Organizações, tendo como propósito *"Cocriar soluções para Organizações e Pessoas para onde querem ir e precisam estar"*. A sua área de atuação inclui: Recursos Humanos, Planejamento Organizacional, Desenvolvimento de Liderança e Equipes, Business Executive Coaching e Consultoria para Projetos e Processos e, num modelo exponencial, a área de Parcerias Estratégicas, que atende o cliente nas suas necessidades genuínas. Administradora de Empresa, especializada em Gestão de Pessoas, diretora executiva da Consultoria EAR, diretora de Expansão e Regionais da Associação Brasileira dos Profissionais de Coaching (ABRAPCoaching), palestrante, escritora e criadora de projetos Corporativos, de Recursos Humanos, Expansão, Mentoria e Business Executive Coaching.

Coaching: um parceiro para organizações, liderança e desenvolvimento humano no admirável século XXI

"Se você acha que o ritmo da inovação foi rápido nos últimos anos, gostaria de ser um dos primeiros a lhe dizer: você ainda não viu nada."

Peter Diamandis

1. O instigante século XXI – um mundo em reconfiguração

Que tal começar com um olhar sobre o Mundo, é um cenário que muda e se transforma com velocidade exponencial, onde não é possível manter o mesmo modelo das Organizações que fizeram sucesso no século passado.

As Organizações e os Profissionais que não se prepararem e desenvolverem o **mindset do crescimento** e as **competências** necessárias para navegar no instigante século XXI não estarão presentes no futuro.

O momento requer atitude, agilidade e a mudança como uma estratégia de ser forte no presente e estar presente no futuro.

Há uma necessidade de olhar o modelo de negócio atual e explorar amplamente todas as variáveis que o envolvem no mundo globalizado; de migrar para novos modelos de gestão;

transformar a cultura, o clima; de preparar os novos líderes; de servir o cliente interno e externo; de empoderar, de fortalecer o presente e desenvolver o futuro e as competências para sustentar estes movimentos. Para acompanhar o mundo externo é preciso lapidar o mundo interno e oferecer algo incrível capaz de impactar pessoas.

Porém, tudo isto tem de ser realizado com e através de "pessoas". Não adianta ter o melhor produto ou serviço, se não houver pessoas, com o seu poder e competências, criando, pensando, atendendo e proporcionando uma experiência diferenciada a si mesma e ao cliente. Recorro aqui à obra de Simon Sinek, *Por Quê*, para ilustrar o meu pensamento: as pessoas precisam internalizar o "**Por quê**", ou seja, "**por que a organização existe**" e "**por que trabalham nela**", afinal, qual é o "**propósito**" que as movimenta? Cuide bem de pessoas, sejam colaboradores, clientes, fornecedores, parceiros, investidores; crie comunidades, porque assim estará estabelecido um comprometimento com o propósito, mesmo em cenários de mudança.

Quando falamos em "pessoas", temos a área de Capital Humano, desafiada neste cenário a sair dos seus subsistemas e atuar de dentro para fora, se posicionando na Estratégia e atuando, de fora para dentro, ouvindo e entendendo os seus clientes na essência, olhando o Mundo e traduzindo o Planejamento Estratégico na Estratégia de RH e buscando dotar a Organização das soluções que ela "**realmente**" precisa para ser forte hoje e estar presente no futuro. Qual o nível e qualificação da competência que a Organização tem hoje e qual o nível e qualidade da competência que precisa para ir. Qual o nível de conhecimento que a Organização tem hoje e a qualificação e o que precisa para evoluir.

Então, algumas perguntas a serem respondidas:

Quais conhecimentos temos hoje?

Quais conhecimentos precisamos para o futuro?

_____

Onde estão?

_____

Como estão? ...

_____

Quais competências temos hoje?

_____

Quais competências precisamos para o futuro?

_____

As ações de Recursos Humanos são fortalecedoras do presente e uma ponte para o futuro?

_____

Como está o nosso sistema de Comunicação Compartilhada?

_____

Temos um sistema de aprendizagem contínua?

_____

As pessoas estão em caixinhas ou desempenham relações e papéis?

_____

Os líderes têm dedicado quanto tempo para desenvolver talentos?

_____

O quanto já evoluímos na linha propósito, relacionamentos,

colaboração, engajamento, empoderamento, comunicação holística, tecnologias, modelos, comunidade etc.?

Neste cenário em mudança, num mundo ágil, exigindo muito das Organizações em todos os aspectos, mas, especialmente, no que diz respeito às pessoas, o Coaching tornou-se uma especialidade fundamental para o desenvolvimento das lideranças e profissionais e um parceiro valioso para Recursos Humanos. O Coaching é uma poderosa ferramenta de desenvolvimento pessoal e profissional, ao mesmo tempo que trabalha o comportamento, ele engaja, envolve e direciona para resultados. Já em 2008 a American Management Association (AMA) fez um estudo que associava o Coaching ao desempenho de excelência nas Organizações, já antecipando, naquela época, que seria uma chave para o desenvolvimento e retenção de talentos e fator de vantagem competitiva.

E o Coaching evoluiu muito e hoje é um extraordinário mercado profissional. Atravessou fronteiras, impactando pessoas em suas vidas, mas trazendo grande contribuição para o mundo corporativo. No Brasil, apesar do ceticismo e de até alguma banalização do processo, pois ainda carregamos a triste marca do "jeitinho brasileiro", que contamina todos os setores da sociedade ou por ser visto, por alguns, como modismo, mas, quando aplicado de forma eficaz, é uma especialidade que ajuda Organizações e Pessoas a expandirem, uma vez que é a única do desenvolvimento humano que consegue conectar humanidade com propósito e conversar diretamente com o século XXI.

2. Vamos conectar tudo isto

Se olharmos os dados, como os da Global Fortune 500, o ranking anual da revista *Fortune* das 500 maiores empresas do Mundo por suas receitas, a lista da consultoria Standard &

Poor's, sobre as 500 maiores empresas da bolsa de Nova York, temos resultados interessantes, em breve a lista estará totalmente remodelada, como já vem acontecendo nos últimos anos.

O que isto quer dizer?

Que as Organizações precisam se transformar e esta transformação ocorre através do uso dos novos modelos organizacionais e tecnologias, mas, essencialmente, através de "pessoas", então, atrair, desenvolver, recompensar, reter e desligar é fundamental. Organizações precisam de pessoas que tenham o mesmo propósito e que saibam por que a empresa existe e por que trabalham ali.

Nesta direção, o Coaching se mostra um aliado eficaz, é um método ágil e de resultado e trabalha o ser humano de forma total, que leva as Organizações, os líderes e as equipes do momento atual para o momento em que desejam estar no futuro (Coaching Executivo, Coaching de Liderança, Transformação Organizacional, Estratégia, Cultura, Feedback, Desenvolvimento de Competências e Conhecimento), uma jornada que transforma o ambiente organizacional e as suas relações e conexões internas e externas num processo comprometido e alinhado ao propósito organizacional.

O Coaching no ambiente organizacional atua na mudança comportamental e apoio, compreensão, desenvolvimento da estratégia e fortalece a decisão num cenário de incertezas e mudanças disruptivas.

Quando se trata do líder, ter um olhar externo, com quem possa estabelecer uma parceria, em uma relação de ética, de confiança e de segurança e juntos possam olhar e navegar neste Mundo V.I.C.A. (Volátil, Incerto, Complexo e Ambíguo) e cocriar soluções, desenvolvendo competências, melhorando ações, processos e decisões que tornem tudo mais ecológico e simples e façam a Organização e as Pessoas irem para onde querem ir, é um alicerce de valor incalculável e que não deixa o líder sozinho.

De forma simplificada e com base na minha experiência,

se há alguns bons anos tivéssemos praticado muitos ensinamentos da obra *O Líder do Futuro*, de Peter F. Drucker, e outros de pensadores famosos, teríamos um caminho mais fácil hoje ao nos posicionar na Quarta Revolução Industrial, como Recursos Humanos Estratégico, para apoiar e desenvolver o Líder e o Profissional do século XXI e as competências defendidas no Fórum Econômico Mundial e também as competências das Organizações Exponenciais (aquelas que provocam impacto dez vezes maior fazendo uso de novas técnicas organizacionais e tecnologias aceleradas). E o Coaching aceleraria ainda mais o processo de transformação comportamental e da estratégia, tão necessário, hoje, conectando pessoas, tecnologias, mudanças e inovações.

Porém, o pensamento manteve-se linear, as organizações continuaram a trabalhar lucro, hierarquia, controle, planejamento, privacidade e o mundo caminhou para propósito, relacionamentos, engajamentos, experimentação, comunicação transparente. Muitas Organizações e Profissionais ficaram como passageiros, quando há muito tempo teriam de ter assumido o papel de protagonistas.

O mundo no qual vivemos abraçou a tecnologia, porém, com o propósito de transformação para as pessoas, tanto que, quando se fala das competências do líder exponencial, falamos em Futurista, Inovador, Tecnólogo e **Humanitário**. De repente, as Organizações começaram a ser sacudidas ou varridas pelos rebeldes das garagens, que esnobaram a zona de conforto, quebraram o mecanismo e foram além, guiados por um propósito e o desejo de transformar e abraçar o mundo. E este Instigante Mundo Novo traz desafios, traz exigências, pede novos modelos de negócios, novos modelos de gestão, novas **competências** e um **diagnóstico** para entender o atual momento e encontrar um caminho para fortalecer o presente e trilhar a ambição do futuro.

O grande passo é encontrar uma nova mentalidade e visão ampliada, pois é nos desafios que estão as oportunidades.

Temos Organizações e Pessoas que precisam ser fortes no presente para irem para o futuro. Temos uma área de Capital Humano que por muitos anos pediu para não ficar nos bastidores e ser protagonista, temos a Tecnologia, temos metodologias ágeis, temos o Coaching e outras especialidades e ferramentas que movimentam as competências, temos muitos desafios, oportunidades e ameaças, mas, depende de como diagnosticamos e transformarmos as oportunidades-chave, desenvolvemos as ações e atingimos os resultados.

Tudo que falamos até aqui diz respeito a Organizações e **"Organizações são pessoas"**. Todos os assuntos que abordamos – Mundo, Mudança, Disruptivo, Quarta Revolução Industrial, Modelo de Negócio, Modelo de Gestão, Organizações Exponenciais, Propósito, Redes, Colaboração, Aprender, Desaprender e Aprender de novo, Competências, Liderança, Coaching – se conectam a pessoas. O desafio das Organizações são as pessoas, vivemos um apagão de talentos, uma escassez de líderes e um *gap* de competências do futuro.

O que fazer?

Diagnóstico organizacional.

Visão do mundo, conectada às mudanças, conhecer profundamente o cenário interno e externo da Organização.

Propósito de Transformação Massiva para alavancar em torno do "porquê".

Desligar o Planejamento Estratégico baseado no passado e usar a análise preditiva, experimentação.

Cocriação com a comunidade.

Criar a caixa de ressonância da liderança.

Conhecer o capital humano, talento puro, competências (conhecimentos, habilidades, atitudes, valores, entorno).

Investir, criteriosamente, em pessoas, são elas que conduzem ao propósito.

Esculpir talentos, desenvolvimento *on-the-job*, formação individual, a revolução estratégica de aquisição de talentos, desenvolvimento e Coaching.

Tornar seus líderes desenvolvedores de talentos e servidores, aprendendo e ensinando.

Substituir a hierarquia por estruturas colaborativas, papéis, afinal, pessoas fora das caixas criam.

Usar as melhores práticas, as ferramentas certas, as melhores técnicas para desenvolver e avaliar as competências.

Usar as práticas de desenvolvimentos que fazem sentido e trazem resultado para a Organização.

Aprenda a usar a diversidade, as competências diferenciadas para formar as equipes de alto processo.

Coaching Organizacional (Executivo, Liderança, Equipe, Desenvolvimento, Desempenho, Carreira Organizacional, apoio à Aprendizagem, Coaching Interno.

Implantação do RH Estratégico.

Estas práticas, de acordo com o diagnóstico e a necessidade de cada Organização, ajudarão na Gestão do Futuro, sendo ágil, flexível, competente, com a visão em todas as direções, o olhar nas pessoas: os clientes, os colaboradores, os investidores, mantendo a excelência do hoje e estando preparada para o sucesso do amanhã.

3. Coaching e competências do século XXI

Quando falamos das Competências de uma Organização destacamos as Competências Individuais, que são consideradas as mais importantes. Imaginem uma Organização sem pessoas. Se não houver pessoas não tem competência, que é o conjunto:

C = CONHECIMENTOS (saber)

H = HABILIDADES (saber fazer)

A = ATITUDES (ação – pensamos, fazer ou não fazer)

V = VALORES (crenças das pessoas)

E = ENTORNO (ambiente externo)

E o maior desafio é desenvolver de modo ágil, congruente e com propósito estas **competências** para que tragam o resultado diferenciado exigido pelo mundo que está em estado de reformulação. Afinal, por um longo tempo, talentos e competências foram negligenciados e, nesta trilha, o *gap* de competências, talentos e líderes se criou.

Organizações sadias são as que trabalham melhor "**estruturas, conhecimentos e pessoas**", ou seja, corpo, mente e alma, e conectam-se com o Mundo, através de algo que faz sentido para todas as pessoas que se relacionam com elas. É aquela que faz a ponte entre o tangível e o intangível e atinge o propósito.

Neste cenário, as Organizações e Profissionais precisam ser competentes, neste contexto o papel do Coaching é um diferencial, uma vez que leva a conquistar novas competências e à realização do propósito e os resultados ocorrem de maneira ágil e duradoura.

Qual é o motivo de usar o Coaching numa Organização?

Pessoas são o foco para atingir o propósito do negócio.

Desenvolvimento das competências necessárias para o presente e melhoria do processo de aquisição das competências para o futuro.

Levar a Organização a fazer a ponte entre o tangível e o intangível e atingir o propósito.

Formar líderes *coaches*, formadores de novas lideranças e despertar de talentos para o amanhã.

Fomentar o processo de Comunicação Transparente.

Fomenta o relacionamento e o trabalho em rede.

Manter Líderes e equipes colaborativos e engajados nas soluções.

Fortalecer as competências individuais e ensinar a usá-las para alta performance em equipes.

Fortalecer decisões em cenários voláteis, incertos, complexos e ambíguos.

Ser a ressonância para a liderança.

Ajudar o desenvolvimento dos papéis e as responsabilidades claros, sem caixas (organogramas tradicionais).

Recompensas transparentes pelos resultados.

Simplicidade ao invés de burocracia.

Aprender, desaprender e aprender de novo, aprender sempre.

Evolução Organizacional atrelada ao mundo que muda velozmente, desenvolvendo e apoiando-se em indicadores de Felicidade Interna para resultados com propósito.

Fortalecimento da mentalidade Coaching, Intraempreendedora e de ambientes exponenciais.

Acelerar o desenvolvimento das Competências do século XXI.

Então, a chave do sucesso de uma Organização é cuidar das suas Competências, principalmente das individuais, e a chave para o sucesso de um profissional é alimentar as suas Competências. O Fórum Econômico Mundial estabeleceu 10 competências até 2020, para as quais eu desenvolvi o trabalho "Exponencial, Competente e Competitivo", que fala um pouco sobre Competências e traz ferramentas e um Plano de

Desenvolvimento Individual, que uso para ajudar meus clientes. As competências e as competências exponenciais estabelecidas foram:

- Resolução de Problemas Complexos;
- Pensamento Crítico;
- Criatividade;
- Capacidade de Julgamento e Tomada de Decisão;
- Flexibilidade Cognitiva;
- Liderança e Gestão de Pessoas;
- Coordenação com os Outros;
- Inteligência Emocional;
- Orientação para servir;
- Negociação;
- Exponencial;
- Destreza Cultural;
- Futurista, Inovador, Tecnólogo e Humanitário.

E então, como estão suas competências no presente e como estão suas competências para o futuro?

O Coaching é o parceiro exponencial que vai ajudar Organizações, Líderes e RH ao tocar todo o ambiente interno, descobrir os talentos, lapidar os potenciais, transformando as competências, minimizando o que não está bom e ajudando a surgir a cultura organizacional diferente, os líderes que servem e formam o amanhã, os profissionais que se guiam pelo propósito, as equipes que explodem no sucesso do melhor de cada um. Uma organização que trabalha para ser um mito na mente e nos corações das pessoas, apoiada nas tecnologias, mas com o propósito de transformar o mundo num lugar melhor.

Uma conexão poderosa, entre a tecnologia e a humanidade e, neste cenário, o autoconhecimento alimenta a chave, para formar o Líder do Presente e do Amanhã, aquele que cria o futuro, pensa exponencial, faz perguntas extraordinárias, vê e ouve com amplitude, servindo para conectar o Mundo, a Organização, os processos e as pessoas.

Referências

DRUCKER, P. F. **O Líder do Futuro.** 4. ed. São Paulo: Editora Futura,1996.
MAGALDI, S.; NETO, S. J. **Gestão do Amanhã**. Ed. Gente, 2018.
SALIM, I. **Organizações Exponenciais**. 1. ed. São Paulo: HSM, 2015.
SINEK, S. **Por quê?** 1. ed. São Paulo: Editora Saraiva, 2012.

foco
inteligência emocional
alta performance
equilíbrio
delegar
relacionamentos
lazer
competências

O controle emocional como fator para melhoria nos resultados

Gilcinei Monteiro da Silva

crenças sabotadoras
limitações
comunicação
qualidade de vida
planejamento

5

liderança
metas
procrastinação

Gilcinei Monteiro da Silva

Master Coach & Mentor e Especialista em Inteligência Emocional pelo Instituto Advento; Practitioner em PNL (Programação Neurolinguística) pelo Elsever Institute. Graduado em Ciências Contábeis pela Uniest Faculdade de Cariacica (ES).

Contato:

Celular: 27 99731-0227

E-mail: gilcineim@gmail.com

O controle emocional como fator para melhoria nos resultados

Além de passarmos por uma crise na estrutura financeira do país, passamos também por uma verdadeira crise de liderança. E essa crise de liderança não se restringe apenas ao mundo corporativo. Afinal, não precisa ser gerente, diretor ou presidente de uma empresa para ser um líder. A verdadeira liderança não está em liderar outros. Como diz Cesar Souza, no livro *Você é o Líder de sua Vida:* "Precisamos começar a pensar em liderar a nós mesmos. E, para liderar a si próprio, cada um precisa ter uma profunda percepção de suas emoções, seus pontos fortes e fracos, necessidades, desejos e impulsos. Ninguém consegue liderar outros enquanto não aprende a ser líder de si mesmo." (SOUZA, pg.176).

O barquinho

Eu tinha a idade de 11 anos e diariamente eu e meus amiguinhos da rua onde morávamos passávamos as tardes fazendo as mais diversas brincadeiras que poderíamos criar. Certo dia, observando uma peça de isopor flutuando em uma poça d'água, tive a ideia de inovar em minhas brincadeiras e criar um barquinho. Peguei aquele isopor, que possuía mais ou menos uns 10 cm de espessura, recortei em formato de um barco, instalei um pequeno motor, que a princípio não me lembro onde consegui, adaptei uma hélice, liguei e funcionou perfeitamente. Mas, para minha surpresa, quando coloquei o barco na água a fim de que ele tomasse uma direção, ele ficou somente girando. Procurei adicionar alguns pesos às laterais do barco, pensando que o motivo de ele ficar somente em círculos era o fato de o isopor ser muito leve. Porém, todas as minhas tentativas foram frustradas e me levaram a abandonar aquele projeto.

Passaram-se mais de 20 anos, eu me encontrava formado na faculdade, trabalhava em uma ótima empresa, e tinha tudo para estar com a "vida ganha", como alguns dizem por aí. Mas, pelo contrário. Algo estava acontecendo de errado. A experiência do barquinho sem direção em minha infância estava se tornando uma realidade em minha vida. Por mais que eu tentasse adicionar peso à minha embarcação, à minha vida, ela permanecia em círculo e eu me via sem sair do lugar. "Adicionar peso" à vida, buscando como alternativa a resolução dos problemas, parece ser a melhor e única opção para muitos. Alguns se sobrecarregam comprando compulsivamente, outros comendo demais. Outros trabalhando de forma demasiada, e assim por diante. Quando não há equilíbrio, ou não há uma percepção das emoções, o que predomina são os extremos – o excesso de alguma coisa ou a falta dela.

Em conversa com um grupo de amigos da igreja, um deles utilizou o exemplo de um barco sem leme para aplicar nos casos de pessoas que vivem sem rumo, girando em círculos e não chegam a lugar nenhum. Repentinamente despertou em minha memória o barco que construí quando criança, porém, nunca consegui fazer com que ele deixasse de ficar em círculos. Aquela invenção era a melhor de todas. Digna de prêmio se não tivesse faltado o principal para ele sair do lugar – o leme.

Muitas empresas estão como aquele barco que criei. Elas possuem um bom *design*, *layout*, possuem motor, bateria e peso. Mas, quando são postas em movimento, elas giram, giram e giram, não chegando a lugar algum. Se os seus líderes não estão conseguindo liderar a si mesmos, como conseguirão liderar uma empresa? Daniel Goleman, em seu livro *Inteligência Emocional*, pág. 69, afirma isso... "Manter sob controle as emoções que nos afligem é fundamental para o bem-estar; os extremos – emoções que vêm de forma intensa e que permanecem em nós por muito tempo – minam nossa estabilidade".

Descontrole emocional

Era uma tarde de sábado, o clima estava agradável, a natureza em volta estava radiante. A semana de trabalho havia sido estressante para toda a família e aquele momento parecia ser a oportunidade única para aproveitar e se distraírem em meio à natureza, curtir o visual da cidade, observado do mirante do alto da montanha não muito distante de sua casa. Bom, pelo menos esse era o ponto de vista do filho mais novo e de sua mãe. O seu pai jazia deitado em sua cama, assim como fazia todos os sábados. Mas por que não fazer o passeio em família? O filho chega até à porta do quarto de seu pai e o convida: "Pai, vamos ao mirante distrair um pouco?" E, como num ataque de fúria, o pai se contorce na cama esbravejando: "Lá vêm vocês com essa de andar no meio do mato. Não tenho direito de descansar um pouco da semana cansativa que tive?" O filho se volta frustrado, sem entender a reação do pai que mais uma vez o agride verbalmente.

Controlar nosso estado emocional nos ajuda a melhorar nossos resultados de um modo geral. A PNL (Programação Neurolinguística) nos ajuda a controlar os fatores que determinam nosso Estado Emocional.

São eles: Foco; Fisiologia e Palavras.

```
        Linguagem    Foco
           Estado
          Emocional
          Fisiologia
```

Foco

Três amigas que trabalham juntas e que estão distantes de suas famílias, de sua terra natal, decidiram alugar um apartamento e dividir o aluguel. Após semanas de procura por um apartamento com bom preço, boa localização e acomodação, encontraram um imóvel a cerca de uma hora de seu trabalho. Conversando com uma dessas moças, ela se queixou de que não estava conseguindo dormir direito já fazia alguns dias. Como a conversa foi rápida, não entrei em detalhes. Os dias se passaram e novamente encontrei com essa garota, que ainda se queixava pela insônia. Ela dizia que não entendia o motivo de perder o sono, pois antes nunca tivera problemas para dormir. Aprofundando a conversa, identificamos um problema. No dia em que as três amigas fizeram a visita ao imóvel, uma delas gostou do apartamento por ser amplo e bem dividido. A outra gostou por ser próximo ao supermercado, farmácia etc. Porém, a terceira moça focou nos problemas que poderiam ter com os bares nas proximidades, focou no barulho da avenida e na possível insegurança da vizinhança. E foi exatamente após a visita ao imóvel que ela começou a ter insônia.

Naquilo que você dedica sua atenção, seu foco, isso determinará como você se sentirá. Ellen G. White, no livro *Mente, caráter e Personalidade*, vol.1, pág. 331, diz: "É lei, tanto da natureza intelectual como da espiritual, que, pela contemplação, nos transformamos. Se nosso foco, nosso pensamento estão em coisas boas, nosso corpo reagirá positivamente. Caso contrário, ele responderá negativamente, por exemplo, causando insônia, como em minha amiga."

Fisiologia

Outro pilar que influencia em nosso estado emocional é a fisiologia. Você se lembra de algum momento de muita felicidade em sua vida? Certamente os seus gestos eram rápidos, suas expressões faciais eram abertas, a respiração era acelerada. Ou seja, o seu interior – suas emoções – estava combinando com o seu exterior, e vice-versa. Por outro lado, lembre-se de algum momento triste. Os movimentos eram vagarosos, a respiração era lenta, os olhos tendiam a se direcionar para baixo. Incoerente seria estar deprimido e manter uma postura ereta, peito aberto, voz alta e clara. Proponho-lhe um desafio astuto. Experimente, quando estiver triste, deprimido ou preocupado, manter uma postura de alegria. Sorria, ande com passos firmes, mantenha a coluna ereta, olhe para frente. Isso fará com que seu inconsciente combine o seu estado emocional com a postura que você está adotando e assim se sentirá muito melhor!

Linguagem

Por último, temos o padrão Linguagem. Na sociedade de um modo geral, temos dois tipos de pessoas. As positivas e as negativas, otimistas ou pessimistas. São duas formas de encarar a vida e sua realidade. E essa maneira de ver as coisas e se expressar afeta diretamente nosso estado emocional e o dos outros também. Quando elogiamos de forma sincera alguém, promovemos a liberação da endorfina na corrente sanguínea da pessoa. Um hormônio que produz sensação de alegria e prazer. Consequentemente, somos retribuídos com um gesto de agradecimento ou sorriso e isso automaticamente libera em nós também esse hormônio, formando assim a Lei do Retorno. Em contrapartida, se proferimos palavras ríspidas, provocamos a liberação dos hormônios cortisol, adrenalina e noradrenalina, causadores do estresse, na corrente sanguínea do receptor e na nossa também.

Na Bíblia, no livro de Thiago 3:2, está escrito: "Porque todos tropeçamos em muitas coisas, Se alguém não tropeça em palavra, o tal é perfeito, e poderoso para também refrear todo o seu corpo." No caso do filho que convidou o pai para passear no mirante, infelizmente uma grande carga de hormônios negativos foi lançada em suas correntes sanguíneas. Após o pai esbravejar com o filho, ele permaneceu deitado até se acalmar e logo pegou no sono. Porém o filho, descontrolado emocionalmente pelas palavras que recebera, se retira e esmurra a porta do armário, a fim de se livrar da decepção. Quando um líder não inspira por seus valores ou não possui controle sobre seu estado emocional, seus liderados se retiram com capacidade de propagar seus exemplos, como um murro na porta do armário. Quem não se conhece acaba tomando decisões que geram insatisfação interior por ferirem valores profundos. Liderar a si mesmo talvez seja o verdadeiro enigma do líder da atualidade.

O estado emocional afeta as decisões que você toma e afetará também o seu destino. Mas o lado bom é que o estado emocional pode ser controlado. Por isso, analise melhor a tríade acima – os três fatores que influenciam o estado emocional –, use as ferramentas que estão ao seu alcance e certamente você, controlando seu estado emocional, atingirá melhor qualidade de vida e maiores distâncias.

O líder, antes de qualquer coisa, precisa ter Autoconsciência. Precisa observar a si mesmo e saber o que está sentindo, identificando onde está seu Foco, como tem sido sua Fisiologia e Palavras. Trabalhando esses três pilares, primeiramente estará liderando a si mesmo e certamente estará apto a liderar outros e alcançar distâncias maiores. Como dizia Albert Einstein: "A vida é como andar de bicicleta. Para mantermos o equilíbrio é preciso estarmos em movimento". Ainda completo essa frase dizendo: para estarmos em equilíbrio, é necessário ter uma roda totalmente alinhada! Caso alguma área de nossa vida não esteja alinhada, automaticamente estaremos em desequilíbrio.

foco
inteligência emocional
alta performance
equilíbrio
delegar
relacionamentos
lazer
competências

O desafio de engajar pessoas

Janaína Macedo Calvo

crenças sabotadoras
limitações
comunicação
qualidade de vida
planejamento

6

liderança
metas
procrastinação

Janaína Macedo Calvo

Mestre em Controladoria pelo Mackenzie, economista formada pela FAAP (Faculdade Armando Álvares Penteado), contabilista formada pelo Oswaldo Cruz com MBA Executivo pela BBS – Brasilian Business School (módulo internacional realizado em Luanda, Angola), atuou, no setor público, como conselheira de Emprego e Renda do Estado de São Paulo e conselheira do Banco do Povo (baseado na experiência do Grameen Bank). Na área executiva, atua como gerente de Pessoal e Finanças do Crea-SP. Professora dos cursos de MBA da FGV (Fundação Getulio Vargas), USCS (Universidade Municipal de São Caetano do Sul), Faculdade Eniac, Estácio, INPG Business School e da Universidade Presbiteriana Mackenzie. Master Coaching formada em Programação Neurolinguistica, Palestrante e Colunista no blog Café&Finanças.

Contato:

E-mail: janaina.calvo@palestrafinanceira.com.br

Facebook: @janainamacedo.calvo

Instragram: @janainacalvo

Twitter: @janacalvo1

Blog Café&Finanças: www.palestrafinanceira.com.br/blog

Site: www.palestrafinanceira.com.br

O desafio de engajar pessoas

Exemplos

Tudo gira em torno de exemplos... Sem me aprofundar no assunto já conhecia o impacto da modelagem na minha vida e na vida das pessoas. Comecei a trabalhar muito nova e, quando somos jovens, acreditamos ser os grandes descobridores de tudo e que nada foi diferente e a autoafirmação é o que conduz nossas ações. Não temos consciência de que somos um mundo em movimento. Lembro-me que por ser filha do dono entrava no prédio acreditando que ninguém poderia me deter. Acreditava demais que as pessoas gostavam de mim. E que era ótima chefe (como somos ingênuos...). Quem em sã consciência gostaria de um chefe imposto, que apenas cobra resultados, que se comporta de uma forma e exige dos funcionários outra e, principalmente, não tem ideia dos impactos da atividade em outras áreas? Quem nunca foi chefiado por alguém assim?

O mundo cada vez mais está em busca de profissionais

competentes e apaixonados pelo que fazem. Eu já fui uma profissional que fazia por fazer, sem propósito, inspiração, plenitude e desafio. Segundo uma pesquisa realizada pela *Revista Exame*, esses quatro itens que citei foram listados como indispensáveis para uma carreira feliz:

I. Propósito

"A sua realização pessoal depende do seu propósito", afirma Silvio Celestino, da Alliance Coaching. [...] Sem propósitos bem definidos, por outro lado, corre-se o risco de nunca encontrar satisfação ou, no pior dos cenários, se contentar com qualquer coisa. [...] Esses propósitos são relacionados ao padrão de vida financeiro que você deseja, o estilo de vida e até o tipo de relações que espera ter no trabalho entram na conta.

II. Inspiração

[...] o trabalho precisa ser inspirador e ponto. E, para isso, não importa a fonte. A inspiração pode vir do produto, dos valores da companhia ou de um colega ou chefe cheio de brilho nos olhos. Para ser feliz, é essencial findar o expediente com a sensação de que o dia corrido não foi em vão, que você não esteve só a correr atrás do vento e que as atividades que você desenvolveu tiveram algum sentido. [...].

III. Plenitude

Agora, de nada adianta um trabalho inspirador e coerente com seus propósitos de vida, se, na prática, suas habilidades não são empregadas plenamente. [...] "Se for subutilizado, pede demissão e vai para outro lugar. Se for utilizado para além da sua capacidade, você adoece", afirma. [...]

IV. Desafio

Mas, ao mesmo tempo, o trabalho que traz satisfação também traz uma dose diária de desafio. Não do tipo que enlouquece, claro. Mas do tipo que faz crescer, que empurra você para frente e não deixa a sua vida profissional empacada no meio do caminho (ABRANTES, 2012). [grifo nosso].

Para entender o motivo do "engajamento organizacional" é necessário descobrir até que ponto as atividades são realizadas por prazer ou pelo dinheiro. Descobri a importância de não se trabalhar pelo dinheiro, curiosamente, quando meu pai faliu e acabei descobrindo que essas duas palavras devem ser medidas e equilibradas. Todos temos o mesmo tempo: 24 horas. E o dinheiro por si não torna ninguém rico. A questão está na intenção, no propósito. Todos buscamos ser felizes, porém o conceito de sucesso é individual e as necessidades são distintas, então percebi que engajar pessoas estava associado a paixão e propósito.

Com base nas teorias cognitivas, o ser humano conduz suas atitudes a partir de sua visão de mundo, ou seja, a definição de sucesso é individual e as necessidades também. É preciso demonstrar interesse e investir tempo para compreender as necessidades das pessoas que trabalham conosco. Quando assumimos uma posição de liderança, questões técnicas deixam de ser relevantes e a capacidade de compreender o ser humano é o grande diferencial. Para isso é preciso acreditar no que faz e no subsistema de crenças e valores da empresa. (ANTHONY & GOVINDARAJAN) É importante que os colaboradores acreditem em você. Não dá para ser uma liderança somente da boca para fora. Devemos saber quais são as ambições e descobrir o que motiva nossa equipe para que possamos, enquanto líderes, criar um ambiente gratificante em que se consiga prosperar. Costumo dizer aos meus alunos e funcionários que se o subsistema de crença e valores da empresa não condiz conosco, devemos agradecer imensamente e buscar outro local para trabalhar. Cansei de fazer isso. Quando não acreditamos na empresa e nos seus valores e permanecemos chega um momento em que nosso corpo adoece. Mas sair do *status quo* não é algo fácil, é necessário ação e determinação e isso também gera engajamento.

É preciso compreender a necessidade das pessoas e o real significado de sucesso individual. Apesar de o plano de carreira ser responsabilidade de cada um, nós, enquanto gestores, precisamos estar comprometidos com nossa equipe e com o plano de carreira individual. É importante discutir novos projetos e oportunidades de treinamentos que possam ajudar a progredir profissionalmente. O plano de carreira é responsabilidade individual, mas nós como gestores precisamos ter claro com cada um qual o plano de carreira dentro da empresa em que estamos. É importante discutir novos projetos e oportunidades de treinamentos que possam ajudar a progredir dentro da empresa e a grande arma que o líder possui é o *feedback* claro e consistente sobre como ele pode melhorar seu desempenho.

Isso faz com que a nossa equipe acredite que o trabalho que desenvolve é importante e tem valor para a empresa. É preciso entender que estão contribuindo para algo significativo. Isso traz orgulho dos esforços. Como líder é importante, ou melhor, crucial reforçar frequentemente a importância das funções da equipe, ajudando a identificar uma relação direta entre as atividades desenvolvidas e o sucesso da empresa. Importante estabelecer metas que desafiem. Tudo isso gera propósito. Conceder autonomia e os envolver em importantes decisões para que sintam que seus esforços são significativos. Percebam como se trata de propósito...

É importante ressaltar que o ser humano traz consigo

sentimentos, ambições; cria expectativas, envolve-se, busca o crescimento dentro daquilo que desenvolve e realiza. Então, é preciso que deixemos de lado aquela ideia de que o homem trabalha tão somente para a obtenção do salário, que nega seus sentimentos, que não se frustra com a falta de crescimento, que não se aborrece com o total descaso dos seus gestores que apenas lhe cobram a tarefa e não o orientam para a real situação da empresa, que lhe negam o acesso às informações, que o tratam apenas como uma peça a mais no processo de produção. É necessário que saibamos que, cada vez que ele entra na empresa, está entrando um "ser" integrado e indivisível, com direito a todos os sonhos de autoestima e autorrealização.

Empresas que colhem benefícios de um time engajado entendem que os funcionários são seu maior patrimônio. Líderes que possuem essa visão terão o time consigo sempre. Devemos entender as responsabilidades da nossa equipe e considerar as iniciativas que permitam equilibrar a vida pessoal com a profissional. Devemos incentivar o equilíbrio entre ambos. Promover o intercâmbio de ideias, sugestões e melhorias, valorizá-los. Esse tipo de ambiente criativo valoriza as pessoas e gera engajamento.

Não obstante, é provável que diversos desses indivíduos alimentem o anseio de descobrir as infinitas possibilidades que emergem das transformações contemporâneas, no entanto, permanecem inertes no aguardo de um estímulo ou oportunidade. E é nesse sentido que o líder poderá trazer à tona esse estímulo necessário, para que esses funcionários possam se transformar de fato em colaboradores, contribuindo para o progresso da empresa, lembrando que todas as variáveis e fatores motivacionais são uma força que está no interior de cada um, entretanto, o bom líder pode estimular com suas ações o engajamento necessário para se alcançar os objetivos almejados.

Referências

ANDERSON, M. Inspection time and QI in young children. **Personality and Individual Differences,** 7 (5), 677 – 686, 1986.

ANTHONY, R.; GOVINDARAJAN, V. **Sistema de Controle Gerencial**. São Paulo: Atlas, 2006.

ABRANTES, T. 4 princípios básicos para a felicidade no trabalho. Revista Exame, Carreira, São Paulo, 2012. Disponível em: http://exame.abril.com.br/carreira/noticias/4-principios-basicos-para-afelicidade-no-trabalho. Acesso em: 23 jul 2018.

BANDLER, R. **Usando Sua Mente. As coisas que você não sabe**. Summus Editorial, 1987.

BANDLER, R. e GRINDER, J. **Sapos em príncipes**. Summus editorial, 1982.

DORNELAS, J. C. A. **Transformando ideias em negócios**. 2. ed. Rio de Janeiro: Elsevier, 2005.

DORNELAS, J. C. A. **Empreendedorismo na prática**: mitos e verdades do empreendedor de sucesso. 3. ed. Rio de Janeiro: LTC, 2015.

GOLEMAN, D. **Inteligência Emocional**. Objetiva, 1995. Tradução Marcos Santarrita. Rio de Janeiro: Objetiva, 2011. (recurso digital)

LONGENECKER, J. G.; MOORE, C. W.; PETTY, J. W.; PALICH, L. E. **Administração de pequenas empresas**. 13. ed. São Paulo: Cengage Learning, 2011.

O'CONNOR, J. Manual de Programação Neurolinguística. Qualitymark, 2004.

OLIVEIRA, E. Empreendedorismo Social no Brasil: atual configuração, perspectiva e desafios – notas introdutórias. **Revista FAE**, Curitiba ano 2, volume 7, p. 9 – 18, jun – jul, 2004.

WATTS, D. Jr. **Tudo é obvio: Quando você sabe a resposta.** São Paulo: Paz e Terra, 2011.

WUNDERLICH, M. **Felicidade 360º**. São Paulo: SerMais, 2013.

foco

inteligência emocional

alta performance

equilíbrio

delegar

relacionamentos

lazer

competências

Inteligência emocional nas empresas

Larissa Almeida

crenças sabotadoras

limitações

comunicação

qualidade de vida

planejamento

7

liderança

metas

procrastinação

Larissa Almeida

Master Coach de Carreira pelo Instituto Maurício Sampaio (IMS).

Professional & Self Coach, pelo Instituto Brasileiro de Coaching (IBC).

Analista Comportamental CIS Assessment.

Business High Performance (Febracis).

Leader Coach, pelo IBC.

Palestrante Coach, pelo IBMASTER.

Analista 360°, pelo IBC.

Bacharel em Direito.

Advogada OAB/PI.

Auditora Federal de Finanças e Controle da Controladoria-Geral da União (CGU), há 12 anos.

Coautora do livro *O Poder dos Relacionamentos*, Editora Saphi.

Inteligência emocional nas empresas

Neste capítulo, iremos discorrer sobre as necessidades de as empresas/organizações investirem e acreditarem no maior patrimônio que elas têm que sãos as pessoas que integram o seu corpo funcional e qual a importância da inteligência emocional como fator fundamental no aumento de produtividade, sucesso e crescimento dessas empresas.

1. Inteligência emocional e sua relação com o ambiente de trabalho

1.1. Conceito e uso da Inteligência Emocional

O conceito de Inteligência Emocional aborda a vida pessoal, a vida profissional e a sociedade como um todo.

Durante muito tempo da nossa história o Quociente de Inteligência (QI), surgido na década de 1920 com Albert Binet, e que tem como base a capacidade lógica de raciocínio matemático, foi e continua sendo utilizado em processos seletivos por muitas empresas no mercado. Após Howard Gardner (2001), autor da teoria das múltiplas inteligências, a concepção de inteligência não seria mais de forma totalmente mensurável como é o QI, surgindo dessa teoria a descoberta de que existem inteligências humanas distintas, como a Inteligência Linguística, Lógico-Matemática, Interpessoal, Intrapessoal, por exemplo.

Segundo Daniel Goleman (2001, p.337), a Inteligência Emocional é a "capacidade de identificar nossos próprios sentimentos e os dos outros, de motivar a nós mesmos e de gerenciar bem as emoções dentro de nós e em nossos relacionamentos". Ainda segundo este autor, não existe relação direta entre Quociente de Inteligência (QI) e Quociente Emocional (QE), pois são controlados por diferentes partes do cérebro, não há uma relação direta entre o que entendemos por inteligência acadêmica e Inteligência Emocional, porque uma pessoa pode ser extremamente inteligente e se destacar na escola, no entanto, é um desastre na vida pessoal, não consegue exercer o controle emocional, não conseguindo se destacar na vivência particular. Diante de situações nas quais pessoas de alto QI fracassam e pessoas com um QI modesto se sobressaem aos demais, fica claro que o fato de a pessoa ter Inteligência Emocional (IE), que se resume em autocontrole, capacidade de automotivação, saber reconhecer os seus sentimentos e os dos outros, ter empatia, zelo e persistência aumenta a produtividade e o sucesso em qualquer atividade.

No campo profissional, pesquisas mostram que qualidades de Inteligência Emocional como a autoconsciência, o gerenciamento de emoções destrutivas, a empatia serão comuns nos locais de trabalho e consideradas "qualidades obrigatórias" para uma pessoa ser contratada e conseguir promoções, e especialmente necessárias para liderança.

No entanto, muitos administradores ainda hesitam em levar em consideração os ganhos em investimentos com treinamentos de Inteligência Emocional para suas equipes e pessoal.

Estes acreditam que no ambiente de trabalho os sentimentos não tenham relevância necessária e que sentimentos mais afetos à empatia, solidariedade, bons relacionamentos podem até comprometer as metas a serem alcançadas. Há aqueles ainda que afirmam que no ambiente profissional o distanciamento afetivo é necessário para que as decisões mais duras que o trabalho requer sejam tomadas. Essa visão, conforme diferentes pesquisas feitas à época, se justificava diante de um cenário traçado em tempos distantes e não mais nos dias de hoje.

Empresas que continuam com a mentalidade acima citada podem vir a se tornar obsoletas e ser ultrapassadas, ou até não resistirem e desaparecerem diante de um cenário cada vez mais competitivo, que impõe o desenvolvimento pessoal como diferencial no mercado de trabalho.

1.2. O ser humano e as emoções do dia a dia no trabalho

Cada pessoa dispõe de particularidades da própria personalidade, emoções distintas, cada qual com suas características peculiares, diferentes formas de vivenciar essas emoções, anseios, desejos, sonhos e vontades individuais.

Dentro de uma organização as pessoas que ali estão, juntamente com as mudanças constantes no ambiente organizacional, incluídas as rotinas diárias de vida pessoal e profissional, *stress*, alteração de humor, problemas de relacionamentos interpessoais, muitas vezes comprometem o dia a dia da empresa, deixando o clima organizacional prejudicado, influenciando diretamente na produtividade.

Sem muito esforço, podemos reconhecer num ambiente profissional as marcas deixadas por críticas destrutivas por parte de quem tem voz de comando, tendenciosas a ataques pessoais, agressões emocionais, com forte carga de repugnância, sarcasmos, descasos, o que provoca atitudes de raiva, medo e fuga à responsabilidade dos demais, contribuindo para um ambiente tenso e hostil.

Frise-se que o papel de agressores e agredidos em muitos casos não se limita apenas ao que diz respeito à relação em que encontramos uma hierarquia formal, podendo existir entre os próprios colaboradores, como é o caso de uma pessoa tratar o outro de forma grosseira apenas porque naquele dia acordou de mau humor e teve que ir ao trabalho, não se importando em descontar no outro suas frustrações. Infelizmente situações desse tipo, para não citar outras como intrigas, fofocas e traições, permeiam os ambientes de grande parte das empresas.

Marcelo Singulani, diretor do Centro de Treinamento Concretize Coaching, por meio da entrevista que deu para o site **em.com.br**, em 11.04.2018, https://www.em.com.br/app/noticia/emprego/2018/04/11/interna_emprego,950897/como--a-competencia-emocional-pode-interferir-na-produtividade.shtml, afirma que as habilidades técnicas são facilmente ensinadas nas organizações. "O grande diferencial daqueles que se destacam está na gestão das emoções. Por isso, 87% das demissões nas empresas são geradas por falta de habilidades emocionais, enquanto que apenas 13% por falta de habilidade técnica. Muitos não sabem trabalhar em equipe, levam problema de casa para a empresa, não são autogerenciáveis, não lidam bem com a frustração etc., características comportamentais de baixo controle das emoções." Ele aponta duas interferências emocionais, atreladas a quase todas, que atrapalham ou até mesmo impedem a evolução, a produtividade e a ascensão de qualquer profissional. "A primeira é a procrastinação. A pessoa sabe o que tem e o que deve fazer, mas simplesmente não faz, sempre acha algo para impedi-la de fazer sua tarefa. A segunda é a autossabotagem, que são ações que vão contra seu objetivo, como se fosse um boicote a você mesmo, muitas vezes provocada por insegurança, medo e crenças de que não será capaz de conseguir. As duas estão intimamente ligadas."

Diante de tal cenário, a Consciência Emocional, que é a capacidade de reconhecer as diversas emoções e ter o controle sobre elas, é cada vez mais trabalhada nos ambientes corporativos. A capacidade de controlar os sentimentos a cada momento é fundamental para o discernimento emocional. Quem não tem essa habilidade desenvolvida corre o risco de deixar a vida à mercê dos acontecimentos. Quando se é seguro de seus próprios sentimentos se tem uma consciência maior de como se sentem em relação a decisões, desde situações pessoais como onde escolher morar, até quais decisões profissionais tomar.

1.3. A importância do líder que se conhece a si mesmo e a seus liderados

A Inteligência Emocional está diretamente ligada à capacidade de uma pessoa reconhecer e lidar com os próprios sentimentos e com os sentimentos dos outros.

Devido a isso, dentro de um ambiente de trabalho, em face dos múltiplos fatores envolvidos, existem pontos de extrema sensibilidade para que o todo tenha resultados positivos e a forma de construção desses resultados exige, muitas vezes, o cuidado na interação entre líderes e liderados.

Em uma pesquisa feita por uma consultoria internacional, após avaliar o desempenho de mais de 500 executivos, restou descoberto que a Inteligência Emocional era a característica comum entre os mais bem-sucedidos.

Outro estudo do *Center for Creative Leadership (CCL)* nos trouxe que a falta de Inteligência Emocional prejudica as relações interpessoais, gera dificuldades de trabalhar em equipes e de fazer mudanças, e que por isso um dos principais motivos de fracasso dos líderes é a ausência da habilidade emocional.

Em uma empresa o líder encontrará diversas dificuldades em ter que lidar com seus colaboradores, totalmente distintos uns dos outros. A fim de geri-los da melhor forma possível, o líder precisará se conhecer, dominar primeiramente suas emoções, saber reconhecê-las dentro do seu trabalho, passando assim a confiança necessária para sua equipe, a fim de lidar com os diferentes tipos de personalidade, sentimentos, emoções distintas, os diversos conflitos, para se desenvolver e manter um ambiente de trabalho saudável e organizado.

A preocupação de educar, treinar, motivar, e liderar pela inspiração e pelo exemplo as pessoas que fazem parte da organização, é a melhor função de um líder, incutindo-lhes um espírito empreendedor dentro de uma cultura participativa.

As emoções levam às ações e um dos instrumentos mais eficazes na relação empresarial é o *feedback*, que consiste na forma com a qual serão trocadas as informações dentro de um sistema, já que em parte desse sistema se depende uma da outra.

O *feedback* resume-se a uma orientação com o objetivo de ajudar o colaborador a melhorar sua performance. É uma maneira de ser sincero e honesto, por meio da qual se conquista a confiança e o alto desempenho da equipe.

Infelizmente, na prática, pesquisas mostram que, ao contrário de dar *feedback,* muitos líderes são responsáveis por críticas destrutivas que demonstram ignorância acerca dos sentimentos que serão aflorados naqueles que as recebem, sem falar que muitos administradores conseguem ser até muito críticos, porém sentem dificuldades para elogiar seus colaboradores, deixando estes sempre com a impressão de que só são avaliados quando cometem um erro.

Algumas características de um bom *feedback* são:

1. **Ser específico** – extremamente importante concentrar nos detalhes, no que fez bem e no que fez mal, concedendo a oportunidade para mudar;

2. **Imediato** – a falta de retorno, ou a demora dele, quanto ao que foi feito não é saudável para a equipe. Pode acontecer uma desmotivação e a perda de ritmo nos trabalhos;

3. **Foque no que é importante, sem rodeios** – pense antes aonde você quer chegar com essa ação e de que forma você quer que a pessoa que vai receber o *feedback* aja posteriormente. Isso irá tornar essa ação mais assertiva.

Aprender a lidar com os diversos sentimentos que fazem parte do dia a dia e saber a melhor forma de reagir aos acontecimentos externos provenientes de seus colaboradores parece ser sim a receita do sucesso de um líder.

1.4. Trabalhando em equipe

Um dos grandes fatores para a excelência de uma empresa é o trabalho harmônico em equipes, isso possibilita ao grupo aproveitar ao máximo as capacidades mais criativas e talentosas de seus membros.

Se você quiser ser bem-sucedido, sobreviver e ser feliz, você precisa treinar trabalhar e viver em equipe. De acordo com alguns estudiosos como Simionato (2010), as capacidades mais relevantes da IE para se trabalhar harmonicamente em equipe, inclusive, são:

1. **Consciência Emocional:** a capacidade de distinguir as diversas emoções e ter o controle sobre elas, ter a capacidade de reconhecer os sinais fisiológicos que mostrem possível surgimento de novas emoções, ser capaz de compreender as causas que desencadeiam tais emoções, é ser capaz de dispor da autoconfiança visando o crescimento;

2. **Controle Emocional:** exercer controle sobre impulsos e emoções, a capacidade de controlar possíveis emoções negativas e moldá-las para algo positivo, evitando o sofrimento;

3. **Capacidade de saber motivar-se:** a capacidade de canalizar as emoções dirigindo-as à realização de um objetivo, ser capaz de reagir com otimismo diante de fracassos ou frustrações;

4. **Capacidade empática:** capacidade de reconhecer e se colocar no lugar dos outros a sua volta, ser sensível a opiniões alheias a fim da sintonia positiva de diversas pessoas;

5. **Gerência eficaz das relações interpessoais e habilidade social:** capacidade de negociar conflitos visando a melhor comunicação de forma eficaz para a solução de conflitos;

Nosso campo emocional é mais forte e poderoso do que imaginamos e saber lidar com isso nos traz resultados positivos em diversas situações, principalmente no trabalho em grupo ou equipe.

2. Bem-estar e felicidade nas organizações

De acordo com uma pesquisa feita pela Consultoria Deloitte, para https://epocanegocios.globo.com/Carreira/noticia/2018/10/empresas-investem-no-bem-estar-para-ganhar-produtividade-diz--estudo.html, um número crescente de empresas no mundo repensa seus programas de recompensa e desenvolvimento de funcionários, buscando ações que propiciem maior bem-estar. Um total de 92% dos executivos entrevistados apontaram a atenção com o bem-estar como questão importante para suas atividades profissionais no futuro. Por trás disso estão sobrecargas (física e emocionais), busca das pessoas por mais qualidade de vida e flexibilidade do trabalho.

Pesquisas do campo da Psicologia Positiva e da Neurociência já nos evidenciam que pessoas felizes têm melhor desempenho e potencializam resultados. Para se iniciar uma jornada de felicidade na empresa e com isso ter funcionários mais saudáveis e produtivos, elenco algumas práticas recomendadas:

1. **Estimule um ambiente mais colaborativo** – as relações positivas influenciarão na resiliência e adaptabilidade dos colaboradores.

2. **Invista na saúde** – práticas que contribuem para a saúde física e mental de seus colaboradores, como exercícios físicos, exames médicos, boa alimentação, meditação, relaxamento são muito bem-vindas para reduzir o *stress*, a depressão, a irritabilidade.

3. **Amplie a Positividade** – tem a ver com emoções, sentimentos e atitudes positivas como gratidão, alegria, generosidade. Isso modifica a estrutura do cérebro, contribuindo para o aumento da criatividade, e da capacidade interpessoal.

4. **Insira objetivos pessoais e um propósito comum** – pesquisas apontam que pessoas engajadas em trabalhos importantes para si têm melhores resultados, reduzindo com isso o *stress*, absenteísmo, *turnover* e aumentam o engajamento, esforço e comprometimento.

O sucesso sustentável de uma empresa implica fomentar locais de trabalho que honrem a dignidade pessoal, promovam o sucesso sustentável e atinjam resultados com equipes mais engajadas.

3. Ferramenta de aplicação para desenvolvimento de habilidades emocionais

Dê uma nota de 0 a 10, em que zero você está superinsatisfeito e 10 muito satisfeito com você mesmo, em relação às seguintes competências pessoais sociais. Reflita sobre uma possível causa que justifique essa nota e se, não estiver satisfeito com ela, descreva quais mudanças seriam necessárias.

Boa atividade!

A) **Competências pessoais:**

Autoconsciência Emocional:
_____

Autoconfiança:
_____

Autocontrole Emocional:
_____

Superação:
_____

Iniciativa:
_____

Adaptabilidade:
_____

Otimismo:
_____

B) **Competências sociais:**

Empatia:
_____

Consciência Organizacional:
_____

PNL aplicada à liderança

Marco Túlio Rodrigues Costa

Marco Túlio Rodrigues Costa

Mestre em Administração pela Fead Minas (Faculdade de Estudos Administrativos), MBA em Gestão Comercial pela Fundação Getulio Vargas; MBA Americano pela Ohio University; Trainer em Liderança, Comportamento Humano e Comunicação Eficaz pela Carnegie University nos EUA; hipnoterapeuta formado pelo Instituto Versate; *master coach* e *mentor* com formação internacional reconhecida pela ICF; *master* em Programação Neurolinguística pela The Society of NLP; *trainer* em Programação Neurolinguística; engenheiro pelo Centro Federal de Educação Tecnológica de Minas Gerais. Sua experiência profissional inclui o cargo de diretor de Vendas e Marketing da Serta Transformadores, gerente de vendas da Nansen Instrumentos de Precisão, gerente de obras no exterior pela Asea Brown Boveri, gerente de RH em obras, engenheiro e supervisor de Qualidade na Toshiba do Brasil S.A. Já atuou na coordenação de equipes em nível nacional e internacional, com grande experiência em negociações internacionais. Atualmente, atua como *coach*, hipnoterapeuta, professor e palestrante, prestando serviços de consultoria e treinamentos em diversas empresas em todo o território nacional nas áreas de liderança, comunicação, negociação, gestão e vendas. É professor da Fundação Getulio Vargas nas áreas de Empreendedorismo, Programação Neurolinguística, Gestão de pessoas, Liderança, Comunicação, Negociação, Coaching e Mentoring.

PNL aplicada à liderança

Muito se fala sobre liderança no mundo atual. Para entendermos a evolução do conceito de liderança, vale destacar que os líderes podem ser separados entre aqueles que mandam – Era Industrial – e os que utilizam a influência, que trabalham confiando nos liderados – Era do Conhecimento.

Com o aumento da população, novos inventos foram aparecendo. A pequena produção teve de sofrer modificações, para atender ao consumo. De agricultores, a grande massa humana virou operária, passando a trabalhar em indústrias, geralmente nas cidades. Assim surgiu a chamada "Era Industrial". Neste período da nossa história, os "chefes" eram aqueles que eram pagos para controlar, não para planejar mudanças, e exerciam muito mais a função de controle do que influência. Claro que a Era Industrial foi muito positiva para o desenvolvimento da humanidade, contudo, fez-se necessário um maior enfoque em sistemas de qualidade devido à competitividade do mercado. Surge a Era do Conhecimento.

A chamada Era do Conhecimento surgiu na sociedade industrial para melhorar a qualidade do mundo, gerar competição para se produzir mais, estabelecer estratégias para gerar mais lucro para as empresas. Desta maneira, o processo produtivo não é somente produzir em grande escala, mas sim produzir com qualidade. Conhecer melhor a demanda da empresa, as pessoas para adquirir conhecimentos e com isso gerar competitividade para criar lucros. O foco passa a ser na qualidade, no desenvolvimento do ser humano como diferencial para a empresa.

Na Era do Conhecimento, as relações entre patrões e empregados são baseadas na confiança. O principal papel do líder da Era do Conhecimento não é "ser o foco das atenções" e sim dar a seu pessoal o apoio necessário para que atinja as metas mutuamente acordadas, liberando talentos e inspirando confiança. Desta maneira, os líderes eficazes deixam as pessoas tomarem suas próprias decisões, desencadeiam o talento da equipe em direção das prioridades da empresa e criam sistemas alinhados.

Infelizmente, o que é encontrado em muitas empresas são pessoas que exercem sua liderança mais como chefes que como líderes, ou seja, ainda trabalham em uma cultura da Era Industrial. No seu histórico de carreira, são excelentes técnicos, que sabem resolver bem questões técnicas, que foram conduzidos a papéis de chefia, ocupando "caixinhas" nos organogramas e progredindo em suas trajetórias profissionais sem buscarem um embasamento para lidar com pessoas e com equipes. Nem sempre o bom técnico é um bom líder, o que gera muitas vezes um excesso de autoritarismo ou de omissão. É o chefe "linha dura" em excesso e com isso massacra seu pessoal, ou o chefe que "deixa rolar solto", sem uma contribuição efetiva a fazer pelo seu grupo.

O mundo atual é muito dinâmico e faz com que os indivíduos também o sejam, portanto, o conceito de liderança deve acompanhar a evolução das pessoas. Por mais que o novo líder esteja voltado aos objetivos e às excelências profissionais, ele sempre deverá priorizar o lado humano que deve fazer parte de seu comportamento usual. As organizações precisam investir na formação deste tipo de líder voltado para o aspecto humano, pois ele será o balizador de novos direcionamentos e, como enxerga mais longe, buscará conduzir suas empresas para cenários mais tranquilos, unindo harmonia e produtividade.

Qual é então o papel da liderança neste mundo atual? Considerando que as ondas da transformação são contínuas, o líder deve ser aquela pessoa que consegue mobilizar outras pessoas para trabalhar em conjunto com ele, ou seja, as pessoas devem fazer as coisas não porque você quer, mas porque elas querem fazê-lo. O segredo é:

> **"Desperte um veemente desejo na outra pessoa de fazer algo."**

A questão é: como a PNL pode ajudar o líder a despertar o desejo na outra pessoa de fazer algo? Se soubermos entender o mapa mental da pessoa, podemos ajudá-lo a enriquecer este mapa mental. Neste artigo, vamos explicar como a ferramenta de **Metamodelo** pode nos auxiliar neste propósito.

Quando falamos do líder voltado para o aspecto humano, destaca-se a aplicação da Programação Neurolinguística. O segredo do sucesso da reengenharia não está em renovar inteiramente a estrutura da organização, mas sim em reprogramar de dentro para fora sua forma de pensar e suas atitudes. Criada na década de 70 por Richard Bandler e John Grinder, a PNL propõe esta reengenharia, uma reprogramação na nossa maneira de pensar e agir.

As pessoas possuem crenças e valores, conscientes e inconscientes. Estas crenças interferem diretamente na maneira como elas organizam seus modelos mentais, consequentemente, como elas interagem e, principalmente, reagem ao ambiente.

Como exemplo de aplicação da PNL à liderança, vamos avaliar a seguinte situação:

Pergunte aos membros de sua equipe "Por que tal coisa deu errado? Por que você não conseguiu alcançar a meta?" e asseguro-lhe que o que ouvirá serão justificativas que irritarão você, pois não apontam para a solução e sim tentam enfraquecer o problema. Este tipo de atitude gera desgastes, baixa produtividade e cria a cultura das justificativas.

Mude a pergunta para:

"O que gerou o erro? O que o impediu de alcançar a meta?" Se necessário, você pode pedir a descrição do processo, por exemplo: "Como você fez as coisas até aqui? O que pode ser feito de forma diferente a partir de agora?"

Uma das ferramentas da PNL que mais me ajudou a entender o que a outra pessoa pensa é o Metamodelo. A utilização do Metamodelo é sermos mais específicos (fazendo perguntas) para obter uma melhor compreensão do **modelo de mundo** da pessoa, pois toda comunicação humana tem o potencial de ser ambígua. Metamodelo é, portanto, **fazer perguntas para entender e ampliar o modelo de mundo da pessoa.**

Vejamos um exemplo. Determinado liderado expõe a seguinte situação:

"Sou péssimo em vendas."

Cabe ressaltar aqui o cuidado com a pergunta "por que", como já falamos neste capítulo. É uma pergunta que deixa a pessoa presa no mapa mental dela, ou seja,

"Por que você pensa que é péssimo em vendas?" (Evite esta pergunta.)

"O que te leva a pensar que é péssimo em vendas?" (Pergunta para entender o mapa mental da pessoa.)

"O que aconteceria se você pudesse se tornar melhor ainda em vendas?" (Pergunta para ampliar o mapa mental da pessoa.)

Observe que a pergunta para ampliar o mapa mental da pessoa é aquela que a faz pensar "fora da caixa". Podemos dizer que esta é a pergunta mais poderosa no exercício da liderança.

John Grinder e Richard Bandler desenvolveram o Metamodelo modelando dois terapeutas de muito sucesso: Fritz Perls e Virginia Satir, que obtiveram resultados extraordinários ao fazerem seus clientes serem mais específicos no que eles expressavam. Ou seja, o uso de certos tipos de perguntas para reunir informações e ganhar a compreensão da estrutura profunda do cliente. Mas, o que é a estrutura profunda?

Dois seres humanos nunca possuem a mesma experiência. A forma pela qual se distinguem de outras espécies é pela linguagem, como podemos perceber.

O linguista Noam Chomsky distinguia dois níveis de linguagem: a estrutura superficial, tudo que dizemos a nós mesmos ou a outras pessoas. Temos também a estrutura profunda, ou o significado profundo do que você diz, contendo informações que não são expressas nem conhecidas conscientemente. Diversas coisas podem ocorrer entre a estrutura profunda e a superficial da linguagem. A intenção da comunicação pode se perder ou modificar-se no processo de conversão de uma estrutura em outra. A pessoa desenvolve mais opções de pensamento com o metamodelo.

Em um nível profundo de pensamento, quem está falando tem o conhecimento completo do que deseja comunicar para a outra pessoa. Isso é chamado de **estrutura profunda** e opera em um nível inconsciente. Quando verbalizamos nossos pensamentos tendemos a omitir, generalizar ou distorcer informações. O que é finalmente dito ou escrito, que é a **estrutura superficial,** é apenas um pequeno subconjunto do pensamento original, pode ser ambíguo ou confuso e levar a problemas de comunicação.

Na estrutura superficial, omitimos, generalizamos e distorcemos o processo de comunicação. O que significa cada um destes termos?

A eliminação ou emissão é um processo no qual prestamos atenção somente a certas dimensões de nossa experiência, ao mesmo tempo que excluímos outras. Nossa percepção é seletiva e ao selecionar algo eliminamos o resto. Por exemplo, você participa de uma reunião e se lembra apenas das partes que mais lhe interessaram. Na nossa comunicação, quando omitimos ou eliminamos informações, é a mesma coisa que dizer o seguinte: **Uma palavra pode ter um sentido para mim e outro sentido para você.**

Por exemplo, um liderado que lhe fala o seguinte: "Tivemos sérios problemas com nosso cliente". Existe aí uma eliminação de informações e cabe a você como líder esclarecer o que está sendo dito com perguntas como:

— Que problemas sérios foram estes? (Entender o mapa mental do liderado.)

— Qual cliente? (Entender o mapa mental do liderado.)

— O que fazer para solucionarmos este problema? (Ampliar o mapa mental do liderado.)

As perguntas de ampliação de mapa mental tiram o foco do problema e o direcionam para a solução

Percebe-se, portanto, que os problemas de comunicação acontecem porque as pessoas pensam que entenderam o outro e cabe a nós como líderes esclarecermos o que está sendo falado.

Na generalização, o liderado representa a totalidade de uma experiência que pode ser somente um caso particular. Suponha um liderado que acredite no seguinte:

— Aqui na nossa empresa todas as pessoas reclamam dos benefícios.

Quais perguntas de metamodelo você como líder pode fazer? Por exemplo:

— Quem são todas as pessoas? (Entender o mapa mental.)

— Quais benefícios? (Entender o mapa mental.)

— Já houve algum momento em que alguém não reclamou? (Busca de exceção para ampliar o mapa mental do liderado.)

A distorção é um processo em que o liderado pressupõe que existe uma relação entre causa e efeito e distorce a experiência. Por exemplo, um liderado que acredita que seu colega de trabalho está mais próximo dele porque quer conseguir algo em troca. Pode ser real? Sim, a questão é que esta pessoa nem se preocupa em avaliar a situação e confirmar o que está pressupondo.

Percebemos muitos "mal-entendidos" devido a distorções da realidade. Se sua companheira(o) chega com a cara fechada em casa, não podemos afirmar que está chateada com você. Temos que averiguar a situação. Por exemplo, determinado liderado expõe a seguinte situação:

— Se não atuarmos neste mercado da região Sul, fecharemos as portas em breve.

— Qual a relação entre não atuarmos neste mercado e fecharmos as portas? (Entender o mapa mental.)

— O que você quer dizer com fechar as portas? O que é breve para você? (Entender o mapa mental.)

— Que solução você sugere para atuarmos de forma assertiva neste mercado da região Sul? (Ampliar o mapa mental, ou seja, tirar o foco do problema e focar na solução.)

Observe que John Grinder e Richard Bandler estudaram padrões de linguagem. Eles desenvolveram e aperfeiçoaram um conjunto de perguntas destinadas a desafiar e influenciar as limitações que as pessoas impõem a si mesmas. Essas perguntas destinam-se a reconectar o falante com sua experiência e têm influência na mudança.

Concluímos que os desafios da liderança são muitos e uma das palavras mais em moda nas organizações atualmente é *empowerment*, que significa o processo de utilização do potencial total, tanto seu quanto dos seus liderados. O desafio está em como fazê-lo. A PNL, e especificamente as habilidades de questionamento desenvolvidas por John Grinder e Richard Bandler, oferecem uma forma de conferir *empowerment* a si mesmo e aos seus liderados. O *empowerment* começa de dentro. Começa com a capacidade de assumir responsabilidade pela sua própria experiência. Liderar é, portanto, ampliar a consciência da pessoa fazendo com que ela assuma mais responsabilidades.

Referências

BANDLER, R.; GRINDER, J. **La Estructura de la Magia**. Cuatro Vientos Editorial, 1975.

CHARAN, R. **Liderança na era de turbulência econômica**. São Paulo: Campus, 2008.

CHIAVENATO, I. **Introdução à Teoria Geral da Administração**. 6. ed. São Paulo: Campus, 1999.

DE PREE, M. **Liderar é uma arte**. Editora Best Seller, 1989

DRUCKER, P. **Sociedade Pós-Capitalista**. São Paulo: Pioneira, 1997.

MOTTA, P. R. **Transformação organizacional: a teoria e a prática de inovar**. Rio de Janeiro: Qualitymark, 1999.

OLIVEIRA, M. de. **Energia Emocional.** São Paulo: Makron Books, 2000.

_____. **Caos, Emoção e Cultura:** a teoria da complexidade e o fenômeno humano. Belo Horizonte, MG: Ophicina de Arte & Prosa, 2000.

SCHERMERHORN, Jr.; JOHN, R. 2. ed. **Fundamentos de comportamento organizacional**. Porto Alegre: Bookman, 1999.

foco
inteligência emocional
alta performance
equilíbrio
delegar
relacionamentos
lazer
competências

A espiritualidade no mundo empresarial

Marcos Wunderlich

crenças sabotadoras
limitações
comunicação
qualidade de vida
planejamento

9

liderança
metas
procrastinação

Marcos Wunderlich

Presidente executivo do Instituto Holos de Qualidade. Especialista em Liderança Transformacional e precursor na Formação em Mentoring, Coaching e Advice Humanizado no Brasil com visão holossistêmica e complexa, nos níveis Professional, Master e Advanced.

Pesquisador do comportamento e mente humana, criador do Sistema ISOR® de Desenvolvimento de Pessoas e Organizações. Consultor, *master mentor* e *coach*, tem mais de 30 anos de experiência profissional.

Consultor internacional CMC – Certified Management Consultant. Filiado à ICF (International Coach Federation) e outras organizações nacionais e internacionais. Coautor e coordenador editorial de diversos livros.

A espiritualidade no mundo empresarial

Minha jornada para chegar ao Coaching/ Mentoring Humanizado

Eu vim de uma família muito religiosa. De uma religiosidade de crenças rígidas, intocáveis, numa visão dicotômica do que é certo e o que é errado, do que é bom e o que é mau, com promessa de salvação se seguisse os ditames da religião e de castigo eterno se agisse segundo o que fosse errado.

Nos tempos de universidade, busquei fugir desse mundo, tornando-me agnóstico, muito a contragosto da família.

Minha formação básica profissional é de engenheiro. Tive a típica formação mecanicista e cartesiana com a qual atuei em empresas, até que depois abri minha própria.

Foi uma crise de relacionamento familiar que me levou a buscar novos caminhos, com a Mentoria de alguns bons amigos. Fui aos poucos descortinando um universo mais amplo do que o tecnológico e o religioso e, através de algumas vivências de formação na linha sistêmica e holística, tornei-me, ainda na década de 80, facilitador de cursos de desenvolvimento gerencial. Eu buscava integrar uma formação holisticossistêmica aos ensinamentos de mestres em administração como Peter Drucker, Chris Argyris, William Edwards Deming e outros.

Assim, logo no início do milênio, comecei a realizar formações em Coaching, tendo como foco a ampliação da mente, pois sentia o quanto isso havia contribuído para lidar com pessoas tanto na vida pessoal, quanto na atividade profissional.

Agora, uma coisa que muito me incomodava era a orientação tecnicista importada dos americanos, com uma visão mecanicista e cartesiana do Coaching. Fui conhecer de perto o trabalho de Timothy Gallwey, nos Estados Unidos, e percebi que essa também era uma preocupação dele, em geral não compartilhada pela maioria dos formadores de Coaching por lá. Era essa linha tecnicista e mecanicista que também predominava nas escolas de formação de Coaching na América Latina e no Brasil.

O que se constata é que a maioria dessas escolas de formação de Coaching foca o lado profissional, propondo ampliar a competência dos alunos na busca por resultados. De fato, isso é muito bom para as pessoas enquanto aprimoram sua atuação profissional e investem na evolução de suas carreiras. Também é bom para as organizações, que aprimoram seu quadro de profissionais, em busca de maior competência e rendimento. Diante do ensino pobre que a maioria tem nas escolas, é um complemento necessário para o aperfeiçoamento profissional.

Mas, esta forma de entender o Coaching tem-nos trazido algumas questões muito sérias:

1ª – Onde e como ficam o aprimoramento pessoal, os relacionamentos, a comunicação e, mais a fundo, as questões de vida, de identidade pessoal, de autoconhecimento e autorrealização, de ampliação de consciência, de dignidade pessoal? Onde fica tudo isso?

2ª – E como fica o Coaching perante a Ética da Vida, quando se investe em melhor desempenho de organizações cujos *modus operandi*, cujos objetivos envolvem formas de trabalho desumanas, que agridem o meio ambiente ou que promovem produtos que sabidamente fazem mal à saúde? Estamos mesmo dispostos a colaborar com isso, dando-lhes maior eficiência e mais lucro para seus desastrosos resultados para o ser humano, a sociedade e a natureza?

Foi aí que busquei um novo direcionamento das atividades do Coaching, sem abandoná-lo, todavia, devido a sua grande aplicabilidade. Comecei a dar ênfase ao Mentoring. E nosso instituto passou a promover formações de Coaching e Mentoring.

"No Mentoring, o mentor compartilha conhecimentos e experiências para que os mais jovens possam aprender e colocar em prática em suas jornadas de trabalho" – essa é a definição que é dada, com poucas variáveis, pelas diferentes escolas. Segundo esta definição, o mentor é um *coach* experimentado, que passa para um mentorado a expertise acumulada ao longo de sua vida profissional. Sem dúvida, uma tarefa importante e enriquecedora, muito utilizada, sobretudo, quando na preparação de sucessores.

Mas será que a forma de Mentoring que vem sendo proposta não é apenas uma forma mais especializada de Coaching, uma vez que os objetivos propostos também focam na melhoria dos aspectos de gestão, no repasse da expertise do mentor, sem a devida atenção aos aspectos humanos do mentorado? E até que ponto se fica preso à ética normativa ditada pelos interesses corporativos e nem sempre conectada à ética da Vida?

A fim de dar ênfase maior à ampliação de visão e atuar

na evolução da mentalidade, corroborado por minha equipe de mentalização do processo, passei a explicitar em nossas formações a abordagem holossistêmica, implícita desde nossas raízes, mas agora sendo continuadamente aprofundada, incorporando os avanços nesse sentido do MIT (Massachusetts Institute of Technology) – Peter Senge, Otto Scharmer, Joseph Jaworski, entre outros. Fomos nos aprofundando também nos aspectos mais avançados da visão quântica, sobretudo com David Bohm, confrontando-a com a sabedoria oriental via budismo e taoísmo.

Foi quando criamos o termo Holomentoring®, dando uma significação muito mais ampla e profunda ao Mentoring.

O Mentoring, então, em nosso entender, é muito mais. É um processo de transferência, de *insights*, de aquisição de nova mentalidade nos relacionamentos e na busca e clareza de uma identidade mais ampla, dinâmica, criativa e condizente com a Vida. Tem como eixo a felicidade humana e a obtenção de formas de vida mais satisfatórias e coerentes. Promove, além de eficácia e sucesso profissional, qualidade em Liderança, Relações, Carreira, Mentalidade, Vida, Felicidade e Alegria de Viver. Sua profundidade depende do grau de sintonia com as leis universais e o despertar da consciência e utilização da sabedoria inata nas pessoas.

Mais recentemente, acrescentamos o termo "humanizado", a fim de enfatizar o que sempre foi o foco de todos os nossos trabalhos: o ser humano, seus campos potencial, mental, pessoal, grupal, social, planetário e seu vínculo e expressão universal: Coaching/Mentoring Humanizado.

Já não são os resultados institucionais, os ganhos financeiros, os lucros materiais que mais importam, mas sim os ganhos em relação ao autodesenvolvimento, à realização pessoal dos *stakeholders*, ao clima organizacional, à comunicação interpessoal, a um ambiente relacional alegre e produtivo. Enfim, os resultados mais esperados são a realização pessoal, uma comunidade agradável onde conviver, uma resposta positiva aos anseios comunitários e sociais, um profundo respeito corresponsável pelo meio ambiente planetário.

O foco já não é mais o lado externo, o profissional, mas o interior do ser humano que é um profissional que atua no seu lado externo. Isso dá uma resposta muito positiva em relação à produtividade e lucratividade organizacional. Porque a organização é vista como um Ser Vivo, ativada por seres vivos e a serviço da Vida.

O mercado deixa de ser uma entidade abstrata a ser conquistada a qualquer preço.

Conheci o sucesso profissional e o reequilíbrio familiar. O que mais desejaria eu?

Uma insatisfação muito grande, porém, ardia em meu interior, provocando períodos de forte introspecção e depressão. De alguma forma, o distanciamento religioso a que me propunha cobrava algo em mim que me perturbava e não conseguia entender.

Foi quando mergulhei de cabeça na sabedoria oriental, retomando os ensinamentos do taoísmo através do Tai-chi e, principalmente, fazendo profundas vivências com mestres budistas da linha tibetana. Através de estudos, reflexões e, sobretudo, de muita meditação, foi-me sendo descortinada uma razão maior de viver, um sentido de vida, um propósito claro que orientasse minhas ações e relações.

Foi ficando cada vez mais claro para mim assumir explicitamente que é possível, sim – e mesmo necessária – uma espiritualidade no mundo das empresas. Uma espiritualidade real, não vinculada a qualquer dogma ou denominação religiosa.

Vamos lançar um olhar mais profundo e assertivo sobre o que chamamos de espiritualidade.

O que é espiritualidade?

___

E o que podemos entender por espiritualidade na empresa?

___

Foi tornando-se cada vez mais claro para mim que a espiritualidade sempre permeava todos os nossos trabalhos. Mas agora isso ficou também muito consciente.

O pano de fundo que dava e continua dando identidade única aos nossos cursos é a visão holossistêmica, que enxerga o Ser Humano como expressão dinâmica do Universo, que emerge da Fonte única que impulsiona todos os seres e que encontra no Ser Humano sua potencial expressão consciente. Dessa expressão potencial emerge uma dinâmica mental que permite ao ser humano se recriar constantemente numa dinâmica pessoal única e intransferível.

É aqui que está a verdadeira expressão da espiritualidade. De uma espiritualidade que é manifestação da Fonte pulsante que se apresenta em todas as formas energéticas do Universo, nele contida e que a contém e impulsiona.

Ela é o que maravilhosamente caracteriza cada Ser e, sobretudo em nosso nível de vivência, é o que dignifica cada ser humano em seu grau máximo.

Toda a nossa metodologia pedagógica e nossos instrumentais holossistêmicos, expressos em forma holográfica, se volta para fazer emergir na consciência das pessoas essa magnificente consciência. É por isso que dizemos que nossas formações são "humanizadas".

Acredito que uma empresa ou organização é um Ser Vivo, pois se compõe primordialmente de pessoas, que se organizam para cumprir seus mais profundos propósitos de servir a pessoas, a serviço da Vida.

A consciência da espiritualidade no mundo empresarial é algo que vem crescendo ultimamente, à medida que cresce a consciência dos estragos que a visão materialista foi predominante de forma absoluta. Ainda mais destacadamente no século XX, quando assistimos a verdadeiras chacinas humanas, de animais e de meio ambiente, justificadas pelas ideologias de dominação a qualquer custo, para aumento de poder e lucro das corporações e nações.

A espiritualidade no mundo empresarial não tem a ver com religião, dogmas ou ideologias. Trata-se de ter uma empresa humanizada, onde as pessoas são vistas como o bem mais precioso da organização. Está ligada a valores morais e éticos, às atitudes assertivas em relação ao próximo, ao meio ambiente.

Uma empresa que promove esta visão mais profunda, de respeito espiritual à vida em todas as suas manifestações, vai promovendo progressivo clima organizacional mais leve, agradável, alegre e produtivo. Conflitos são assumidos e ultrapassados por uma postura mais criativa, os distanciamentos hierárquicos vão se tornando cada vez menores, a transparência deixa de ser mero discurso e passa a ser uma real busca de expressar uma verdade cada vez mais autêntica e isomórfica.

A espiritualidade na empresa pode acontecer através do Coaching e Mentoring humanizado, e através de todas as ações gerenciais com esta visão.

E muito me alegra observar que esta visão mais holísticossistêmica e espiritual vem sendo promovida por outros tantos institutos e palestrantes no mundo todo, desafiando a visão unidimensional mecanicista e materialista das organizações.

Fica para nós, seres humanos, o desafio: teremos tempo de redimensionar o mundo econômico e político-administrativo antes que o debacle geral civilizatório se torne irreversível?

foco
alta performance
inteligência emocional
equilíbrio
delegar
relacionamentos
lazer
competências

Autoconhecimento: um caminho que ninguém pode fazer por você

Marine Ascoli De Cezaro

crenças sabotadoras
limitações
comunicação
qualidade de vida
planejamento

10

liderança
metas
procrastinação

Marine Ascoli De Cezaro

Psicóloga, consultora, instrutora e *coach* com mais de 15 anos de atuação na área de Gestão de Pessoas. Atua como Life e Executive Coach; possui certificação internacional Master Coaching, Mentoring e Holomentoring Sistema ISOR. Especialista em Gestão de Pessoas e com formação em Gestão por Competências. Diretora da Ampla Consultoria Empresarial. Docente de pós-graduação dos Cursos de MBA Gestão de Pessoas, MBA em Liderança e Coaching e MBA em Gestão Estratégica de Negócios.

Encantada pelo estudo do comportamento humano, tendo como base sua atuação dentro das empresas. Em seus diversos papéis como líderes, empresários ou parte do time, acredita que as pessoas são o diferencial competitivo dentro do cenário empresarial, então investir no desenvolvimento dos talentos e do capital intelectual é primordial.

Contato:

E-mail: amplaassessoriaempresarial@gmail.com

Autoconhecimento: um caminho que ninguém pode fazer por você

"Se queres vencer o mundo inteiro, vence-te a ti mesmo."
Fiódor Dostoiévski

Quem eu sou? Qual minha essência? O que eu busco?

O autoconhecimento, segundo a Psicologia, significa o conhecimento de um indivíduo sobre si mesmo. O dicionário complementa com o significado literal da palavra autoconhecimento – conhecimento de si próprio, das suas características, qualidades, imperfeições, sentimentos que caracterizam o indivíduo por si próprio.

Não podemos falar em autoconhecimento sem citar a frase memorável de Sócrates, "Conhece-te a ti mesmo". Essa citação indica que o primeiro passo para o verdadeiro conhecimento é conhecermos a nós próprios. Se queremos conhecer o mundo à nossa volta, devemos em primeiro lugar conhecer quem nós somos. Conhecer a nós mesmos é um processo, uma busca que não tem fim e a cada dia podemos aprender mais.

Mas o que melhor contempla essa descoberta é a frase

completa de Sócrates, que diz: "Conhece-te a ti mesmo e conhecerás os deuses e o universo". Convido você a mergulhar nesse universo e profundo mar de descobertas, incertezas e tesouros, fazendo algumas reflexões acerca dessa viagem para dentro de si mesmo.

Alguns questionamentos inquietantes que propiciam o início dessa viagem, tendo como base "para quem não sabe para onde vai qualquer caminho serve ou não serve":

— Por que se autoconhecer, qual a sua busca?

_____

— Quais suas inquietudes, o que você deve mudar?

_____

— O que deve permanecer, quais são seus pontos fortes, o que você faz muito bem?

_____

— Quais são meus limites?

_____

— Quais são seus desejos?

_____

— Por onde começar?

_____

— O que você quer aprender?

_____

— Em quais momentos você olha para o outro e vê a si mesmo?

_____

— Quais são seus valores, suas prioridades?

_____

— O que realmente importa e dá sentido à sua vida?

_____

O autoconhecimento é a premissa básica do processo de autodesenvolvimento e o alicerce das relações interpessoais. Por estarmos pouco familiarizados com nossos próprios sentimentos e emoções, em grande parte do tempo baseamos a interpretação das nossas reações na forma como os outros nos avaliam e nos isentamos do precioso processo de autopercepção. O autoconhecimento é a premissa básica do processo de autodesenvolvimento e o alicerce das relações interpessoais.

Somente o autoconhecimento gera caminhos, escolhas e construções para novos hábitos que podem trazer a tão sonhada busca da felicidade.

Tenham a coragem de ser felizes, de fazerem o outro feliz e para isso busquem, remexam, vejam coisas que vocês não gostam e gostam em si mesmos. Construam sua vida no que vocês querem ser com base em sua verdadeira essência.

A difícil arte de olhar para si mesmo

"Quem olha para fora sonha, quem olha para dentro desperta."
Carl Jung

Autoconhecer-se encerra a busca pelo outro e pela felicidade que vem somente do externo ou por não estar bem e pleno. Acordamos para os potenciais que temos dentro de nós mesmos e isso fortalece, inspira para as mudanças, detecta as amarras que o prendem de ser você em sua essência, elimina com crenças limitantes, com a autossabotagem e de desperdícios de envolvimento com o que não importa, cessando o ciclo de fugir dos desafios de evolução, mantendo-se na zona de conforto.

A zona de conforto é tão acolhedora e confortável, mas lá nada cresce nem floresce, estamos à sombra de nós mesmos e acomodados e petrificados em algo que já foi, liberte-se para o novo, dê uma oportunidade a você mesmo. Quando nos libertamos de nós mesmos, damos oportunidades aos outros de também fazer travessias, podemos instigar mudanças e caminhos nos outros com o único intuito de desenvolvimento e aprendizado.

Quando nos autoconhecemos não buscamos mais no outro aceitação e sim temos a plenitude do nosso ser, somos quem somos e congruentes conosco. Não buscamos mais fora, pois encontramos dentro de nós as verdades, as respostas e queremos mais pontes. Paramos de dizer sim aos outros e não a nós mesmos. Só podemos amar o outro quando nos amamos e nos aceitamos, acolhendo que cada um dá o que tem dentro de si.

Em uma de suas palestras, Cortella diz que o melhor de mim é aquilo que eu ainda não sei, aquilo que eu desconheço e que me renova e me coloca em rota de criatividade.

Não perca a oportunidade de acessar o tesouro de possibilidades e oportunidades que mora dentro de si. Conheça-te a ti mesmo e abra a porta da plenitude para ter a coragem de ser quem você é em toda sua essência.

Qual a sua missão, qual sua essência, qual seu legado, qual a marca que você deixa por onde passa?

Qual é o momento em que olhar para nós mesmos deixa de ser uma escolha e sim uma necessidade?

Sabemos que a mudança chegou quando algo ou situação acerca de nós mesmos começa a incomodar, estamos desconfortáveis, tristes, chateados com o que se apresenta. Ou, ainda, queremos mudar mas não sabemos de que forma e por onde queremos ir, mas tal comportamento ou situação não está mais fazendo bem. Então é o momento de ter ações e não reações diante do que acontece com você.

O que importa é o ponto de partida, não conseguimos mudar tudo ao mesmo tempo, precisamos de um ponto inicial, por onde começar a tear o fio da mudança?

— Pelo que mais incomoda?

— Pelo que mais dói?

— Por aquilo que julgamos o mais fácil?

Quem decide é você, conecte-se consigo mesmo e veja onde é possível iniciar e comece! Inicie! Agora! Chega de amanhã ou depois, agora é a hora, peça ajuda, busque um profissional, mas não paralise.

Saiba que o período de transição é como uma ponte que atravessamos dentro de nós mesmos e depois de atravessarmos a primeira ponte vamos querer novas travessias, com buscas mais significativas. Mas a palavra-chave desse momento é disciplina consigo mesmo, com suas buscas e sua jornada, as pedras que encontrar no caminho junte e forme seu castelo.

Não permita que o medo impeça, trave ou destrua o caminho do autoconhecimento.

Mas afinal, o que você teme ao olhar para si mesmo?

— Não vai se reconhecer mais?

— O outro não vai te reconhecer?

— Verificar que aquela roupagem interna não cabe mais?

— Ver que aquilo com que você se chateia e se irrita no outro é porque faz de alguma forma também?

— Tem receio de verificar o que plantou e o que está colhendo?

— Medo de não ser mais aceito se começar a dizer "não concordo, prefiro isso ou aquilo", mas são escolhas e pode e deve ver o que realmente importa.

Não espere que o universo lhe traga flores, plante, cultive o seu jardim, plantio e colheita. Mas saiba que decisões e escolhas serão colhidas. E pense no que está plantando hoje e também analise o que está colhendo, pois um dia, em algum momento lá atrás, você plantou. Então pare de dizer "se tivesse acontecido daquela maneira" ou qualquer outra desculpa ou autoboicote.

Sempre é tempo de olhar para si, fazer descobertas, algumas boas, outras angustiantes e outras acolhedoras, pois não tem nenhum problema você não gostar de carne em terra de gaúcho, tenha a coragem de ser você mesmo e assumir suas escolhas, só assim acontece a verdadeira aceitação do outro, quando nos acolhemos o outro também nos acolhe.

Questione-se: o que realmente lhe faz bem e feliz? Quais as relações que agregam, que fazem você ser amanhã melhor que hoje? O que faz seu coração brilhar e se alegrar?

Quer saber se está no caminho certo? Pergunte a si mesmo se a caminhada, as companhias o fazem feliz. E escute a resposta, pare de fugir de si mesmo e se permita ser feliz e viver momentos de celebração.

Como fazer a travessia da mudança?

Acolha olhando para si mesmo, você é o caminho e a verdade. Acolha seu ritmo de mudanças, suas verdades, seus anseios, seus medos pelo novo, o importante não é rapidez na mudança, mas sua consistência e congruência interna, respire, olhe, redirecione, mas não pare. Siga em frente e, como diz a música, "vejo flores em você", apresente sua beleza ao mundo, mais pessoas querem conhecê-lo, não se esconda, não tenha medo de ser quem você é.

Quando falamos em autoconhecimento falamos em escolhas e em largar roupas e hábitos que não servem mais para nosso momento, somos gratos ao que passou e ao que fomos, mas não somos museus para viver do passado e escolhas implicam ganhos e perdas, seguir um caminho e deixar o outro.

Esteja aberto ao novo e entregue as escolhas que fez, não se pode ter o passado e o futuro ao mesmo tempo, pois se estamos no ontem e no amanhã não estamos presentes e sem presença não há construção. Se escolher olhe para frente e siga, o passado deve ser visto somente como gratidão.

Não soube dizer "não" é mentira, você não teve coragem por motivos internos para lidar com o seu "não", buscou ser aceito, evitou o atrito, alimentou seu comportamento de vítima da situação. Importante destacar que "não" e "sim" vazios nada constroem, são vagos, mas com fatos, argumentos, sonhos e desejos e verdades convencem a ti mesmo e ao outro.

Não busque ser igual ao outro, busque inspirações em atitudes em um jeito de ser e construa você.

O que o outro pode me mostrar acerca de mim mesmo

Quando foco no outro, no outro que me magoou, no outro que me chateou, que me deixou braba, no outro destruo o foco de mim porque permiti que o outro me magoasse, porque tal fato despertou raiva em mim e me fortaleceu com o entendimento de mim mesmo acerca do que acontece comigo, então reajo. Tenha ações em sua caminhada, o outro não tem o poder sobre você, não permita, porque você não precisa dessa mágoa ou raiva, pare de dar poder ao outro e se empodere.

Karnal, em uma das suas palestras, traz o que significam as palavras inveja e cobiça, que são sentimentos em relação ao outro, mas reveladores sobre si mesmo:

– **Inveja:** o sentimento de raiva e tristeza pela felicidade alheia é um elemento importante para você se conhecer melhor, dá pistas sobre o que você quer. Sugerem-se questionamentos como: "Se quero, por que não vou atrás? Se não quero, por que fiquei tão mexido?"

– **Cobiça:** você fala muito bem em Inglês, por exemplo, eu quero aprender a falar também.

Verifique o que você cobiça ou do que você tem inveja. O outro mostra mais sobre você mesmo do que você possa imaginar ou supor. Fique atento!

Você não pode impor a sua vontade e verdade, podemos inspirar pelo seu comportamento ou jeito de agir. Comece por você a mudança que vir no outro, no mundo, pois tudo começa com um ponto dentro de você. Mostre o seu eu para quem agrega e transborda em você, abonde seu instinto natural de ser acolhido, você pertence a si mesmo, estamos em uma era de likes, curtidas e *unfollow* e outras tantas formas de alimentar seu ego pessoal, isso se chama insegurança interna e se busca fora o que tem de estar dentro. Quando falo em individualidade ou egocentrismo falo em amor próprio que permite que ame o outro e o respeite como ser único e especial, o mundo precisa ter mais relações reais e verdadeiras.

Tenha a coragem de mudar. Saia das margens de si mesmo e das falsas crenças, como "foi sempre assim, nasci numa família que não me deu suporte", pare de dar desculpas para você e seja protagonista da sua história, quem faz a hora acontecer é você.

Busque, rebusque no seu caminho interno, pois os seus relacionamentos pessoais e profissional precisam dessa congruência e plenitude que só o autoconhecimento pode assim gerar.

Navegue no mar da vida

Não há vento favorável para marinheiro que não sabe aonde quer ir, mas quando souber sua rota recorde sempre que você pode mudar as velas do seu barco e não controlar o vento. Apoie-se em suas experiências de sucesso e, por que não?, em seus fracassos para mudar as velas do seu barco, tenha a coragem de mudar sempre por você e não buscando o outro, porque quando mudamos por nós a mudança tem verdade de interesse e essa reverbera em todos, gera crescimento e envolvimento para todos que estarão navegando nesse mar.

Você vai encontrar barcos diferentes dos seus, nesse mar da vida, que podem lhe transbordar em crescimento e evolução, pois nenhum barco completa outro, inteiros se transbordam, diferentes se somam e geram novas diferenças e aprendizados. Não queira, não se frustre nem se incomode com o ritmo e essência de outro barco, cuida da sua embarcação, que os que estiverem afins com seu momento e próximos navegarão com você e esteja receptivo a novas embarcações, bem como a desapegar-se de velhas que para esse momento não cabem em seu ritmo, sendo que para alguns é apenas um "até logo".

Saiba que em alguns momentos é necessário ir para outro barco, isso se chama empatia, coloque-se no lugar do outro e apenas por um instante não para julgá-lo e sim para compreendê-lo, e volte a si mesmo, você não pode ficar com a dor do outro, com a raiva do outro, é o mesmo que estar se apropriando de outra embarcação que não é a sua, que não lhe pertence, siga seu barco e seu caminho.

Lembre-se de nunca esquecer

Você pode mais do que acredita e tem mais capacidade do que seu julgamento acha, navegue por mares mais desconhecidos, só assim você conhecerá a força que possui.

Permita-se o novo e profundo mundo de oportunidades. Lembre-se: bom marinheiro se faz com ventos fortes e profundos.

Navegue dentro de você e descubra o mar de possibilidades para sua realização e plenitude!

Mas lembre-se de que só depende de você a escolha da navegação!

Feedback –
Maestria em comunicar e inspirar

"Feliz aquele que transfere o que sabe e aprende o que ensina."
Cora Coralina

O Líder tem o papel primordial na condução, no que comunica e no que transmite a sua equipe, tem a responsabilidade de acionar o melhor nas pessoas que guia. Suas palavras devem levar orientação e caminho, instigando seus liderados ao crescimento e desenvolvimento.

No cenário empresarial o termo *feedback* é constantemente citado, é uma palavra inglesa que significa realimentar ou dar resposta a um determinado pedido ou acontecimento. Saliento o termo realimentar, pois significa troca entre líder e liderado, o que se alimenta e o que recebe, e como tudo isso encontra caminho para crescimento e evolução pessoal e profissional.

Onde tudo começou. Qual a origem do termo feedback?

Vamos ver a seguir a origem desse termo tão utilizado e que desperta interesse, inquietudes e hoje se coloca como um grande desafio da liderança saber dar e receber um *feedback* de maneira assertiva.

Tudo começou quando o primeiro foguete foi enviado à lua, não havia tripulantes, eram apenas o foguete, a base aqui na Terra (que acompanhava todo o processo) e a Lua. A viagem levaria horas, e era preciso garantir que o foguete cumpriria sua missão, que era pousar na Lua, pois, se algo ocorresse, bilhões de dólares seriam desperdiçados.

Os engenheiros responsáveis pelo projeto previram a necessidade de colocar no foguete um equipamento transmissor que emitiria um sinal à base de controle das coordenadas do foguete. Isso apenas não era suficiente, planejaram que o foguete precisaria receber um sinal de confirmação de sua rota.

Assim, de tempos em tempos, o foguete emitia um sinal para a base de suas coordenadas. A base tinha a responsabilidade de interpretar esse sinal e de enviar uma confirmação para o foguete, indicando que estava no caminho correto e, se não estivesse, o sinal emitido pela base continha instrução de correção, passando, de forma precisa, em quantos graus era necessário corrigir sua rota e em qual direção.

O foguete, ao receber esse sinal, interpretava-o e, com isso, era capaz de acionar seus mecanismos de ajustes da direção, colocando o foguete na direção correta. O interessante é que o foguete ficava no aguardo da informação vinda da torre e, enquanto a informação não vinha, independentemente de ser positiva, no sentido de que estava no caminho correto ou da informação de que era preciso a correção da rota, o foguete continuava emitindo o sinal.

Como a viagem era longa, vários sinais eram emitidos pelo foguete, interpretados pela base e reenviados para o foguete, durante toda a trajetória, até o momento em que o foguete pousasse na Lua.

A esse processo de transmissão de informação entre foguete, a base e a correção da rota se chamou de *feedback*. E foi assim que se concretizou a visão de enviar um foguete não tripulado para a Lua.

Trazendo o *feedback* para o mundo corporativo, segundo a *Wikipedia*, é o procedimento que consiste no provimento de informação a uma pessoa sobre o desempenho, conduta, ou ação executada por esta, objetivando reorientar ou estimular comportamentos futuros mais adequados.

Dar *feedback* é estar atento não somente a um momento de condução, mas estar presente e com presença toda vez que seu liderado e equipe precisarem de ajustes, elogios, aplausos ou ainda quando o líder simplesmente estiver ao lado para dizer "estou aqui com você, conte comigo, nós vamos vencer esse desafio, bater essa meta, você não está sozinho".

Ressignificando o *feedback*

Aprendemos culturalmente desde a infância que quando a diretora e a professora nos chamavam para conversarmos na escola, era para alguma punição, castigo ou crítica. Ficou internalizado que o momento da conversa era algo ruim. Esse é um dos grandes desafios, ressignificar o *feedback*, para deixar de ser visto como algo punitivo e sim de realinhamento, construção e condução de caminho.

O desafio dos líderes é construir para si e para os liderados essa nova imagem do *feedback* e não o aplicar como forma de punição. De uma forma geral, as organizações priorizam a análise dos defeitos, dificuldades e dos baixos índices. Mas há um fato que precisa ser considerado: a liderança deve valorizar os pontos positivos de seus profissionais e aprimorar os potenciais que não foram utilizados adequadamente para que cada um preste um serviço de excelência. Assim, o *feedback* se torna um fator motivacional.

Todos precisam saber se estão indo bem, líderes e liderados. Partindo do princípio de que estão fazendo o seu melhor e essa percepção precisa ser alinhada, juntamente com as expectativas e objetivos.

A liderança e o *feedback*

Toda liderança deve estar próxima à equipe e utilizar o *feedback* a cada oportunidade em que possa checar o trabalho dos profissionais. Além disso, é necessário verificar se as ações estão alinhadas com os objetivos e direcionar o subordinado.

Líder, convido você a refletir:

– Nos últimos meses quantas foram as palavras de incentivo para sua equipe?

_____

– Quais foram os direcionamentos que você deu para seus liderados?

_____

– Quais foram as críticas construtivas, que geram mudança de comportamento?

_____

– Quantas conquistas foram celebradas?

_____

– Quanto tempo você como líder dedica a observar cada um dos seus liderados como pessoas únicas e especiais?

_____

– Você como líder tem mais apagado fogo dos conflitos, baixos rendimentos ou tem prevenido os incêndios?

_____

Mas não se esqueça de que você como líder também precisa saber se está indo bem. Peça *feedback* e olhe para sua equipe, esse é o caminho, para instigar as pessoas e times vencedores. A equipe é o reflexo do líder, tenha coragem de olhar o que precisa ser mudado na equipe e comece em você a mudança. Pontos positivos e aplausos da sua equipe começam também em você como líder.

Você tem o poder de transformar e engrandecer a sua equipe, você não pode fazer por eles, mas você pode instigá-los a gerar mudança.

Ferramentas para maestria

O *feedback* consiste em uma atividade em que o gestor reorienta uma equipe ou subordinado sobre alguma função que executaram ou que ainda estejam desempenhando. O objetivo é melhorar a realização das ações, enxergar novas possibilidades e alcançar os melhores resultados.

A seguir ferramentas que sugerem uma reflexão, mas também orientar a arte de comunicar e dar *feedback*, buscando sempre o aperfeiçoamento e desenvolvimento do líder e sua equipe.

▪ Comunicação assertiva

> *"A coisa mais importante na comunicação é ouvir o que não está sendo dito."*
>
> Peter Drucker

A palavra comunicação significa comunicar algo comum, sair de si mesmo e ir ao encontro do outro, fundamenta-se na relação de dar e receber, é uma via de mão dupla. E a comunicação pode ser verbal e não verbal.

Na comunicação assertiva o comunicador é aberto e flexível, atento ao direito alheio e ainda capaz de expressar suas próprias ideias e opiniões. O estilo assertivo de se comunicar possui contato visual direto, gestos naturais e expressões honestas. Assertividade significa ir direto ao ponto, falando sem deixar dúvidas e garantindo que sua mensagem seja bem entendida pelos receptores.

Pontos importantes para iniciar a maestria:

– Conheça sua equipe!

O líder deve conhecer seus liderados, quais são seus limites, potenciais, gostos, desejos ou motivações. Nenhum líder pode mostrar o destino sem nem mesmo imaginar como vai ser a jornada e saber o que pode esperar de cada um. Mas esteja aberto para as surpresas!

Assim como no esporte, o líder deve saber quem é o melhor atacante, o goleiro, quem é o reserva que tem de entrar em campo no momento decisivo, quem é o capitão, quem tem equilíbrio emocional e habilidade para bater o pênalti decisivo.

– Acredite no potencial dos seus liderados!

Liderar é acreditar que seu liderado tem potencial, é dar poder e empoderar e com isso você gera comprometimento, você como líder acreditou e seu liderado fará o seu melhor.

Instigue e desperte o potencial que todo ser humano tem dentro de si. Encare seu liderado. Reverencie seus sucessores, mostre os desafios vencidos. Mostre que você como líder acredita na mudança, no ajuste, no além do potencial que está lhe dando. Mostre o quanto és importante para a equipe.

– Posicione-se!

Pondere a melhor forma de falar, confie em si mesmo e fale o que você pensa e sente, com convicção, sem rodeios e sem procurar justificativas. Durante uma conversa difícil, coloque-se no lugar do outro que está ouvindo. Demonstre empatia, olhe nos olhos e sinta o quanto é bom buscar o diálogo como a melhor forma de resolver os problemas.

– Não se sinta obrigado a agradar a todos!

É impossível agradar a todos, o tempo todo. Seja na vida pessoal ou profissional, precisamos concentrar nossa atenção no que deve ser feito. O foco deve ser no que realmente importa e o é que precisa ser feito em primeiro lugar, sem culpa e sem medo.

– Saiba dizer "não"!

Dizer "sim" é muito bom, mas um "não" sincero e falado de forma correta é inúmeras vezes melhor do que um "sim" falado para agradar. É mais prudente dizer "não" quando sabemos que não daremos conta do que foi pedido, seja por falta de tempo ou da habilidade necessária, do que dizer "sim" e fazer mal feito. Com educação e gentileza, dizer "não" é um passo importante em direção à boa comunicação.

– Ouça com atenção!

Para ser um bom comunicador, é vital saber ouvir com interesse e atenção. Não focamos no que está sendo dito, passamos a pensar no que responder e argumentar, ou ainda, o pensamento está em outro lugar. Isso demonstra uma grande falta de empatia com quem estamos conversando e passa uma imagem negativa. Ouvir é uma habilidade importantíssima e é um exercício de paciência e respeito ao próximo.

– Não aja nem fale por impulso

Antes de falar, seja o que for, em qualquer situação, o melhor é parar, pensar, considerar as consequências de falar o que vier à mente, e só então falar. Parar e calar-se até a raiva passar possibilita a mudança de um padrão de comportamento. Como resultado positivo, promove atitudes mais sensatas e equilibradas.

– Use bem a sua voz

Reconheça o seu jeito de falar. Grave a sua voz com

frequência e observe como ela varia de acordo com as pessoas com quem você conversa. Identifique os pontos positivos e os que podem melhorar. Perceba se é possível falar mais devagar, mais baixo, com mais suavidade. Em todas as conversas precisamos ter empatia, considerar que existe um jeito bom e um jeito ruim de dizer a mesma coisa, e escolher com cautela a melhor maneira de falar.

O que o Sábio e o Rei nos ensinam sobre Comunicação?

Em um reino muito distante um rei chamou um sábio para fazer uma previsão sobre sua vida e sua família. O sábio lhe disse:

— Meu Deus!! Todos da sua família vão morrer antes que você!!

O rei ficou muito irritado com essa previsão, mandou decapitar o sábio e pediu que imediatamente chamassem outro para uma nova previsão. Eis que o segundo sábio calmamente comunicou ao rei sua previsão:

— Que maravilha, o senhor rei é abençoado, terá uma vida longa, cheia de saúde, viverá mais que todos da sua família!!

Para esse sábio o rei deu ouro e fortuna, ficando extremamente feliz e realizado.

O que podemos aprender sobre comunicação e assertividade com essa história? Os dois sábios fizeram a mesma previsão, mas comunicaram de forma diferente o mesmo conteúdo, o segundo foi assertivo na transmissão da sua mensagem.

■ Passo a passo do *feedback*

Feedback é uma ferramenta de gestão e uma técnica de comunicação. Segue a sugestão de uma estrutura de condução de *feedback* assertivo focado em produtividade e desempenho.

– Descreva qual a situação, com detalhes de fatos e consequências e as expectativas: "Esta é a situação e isso é o que eu espero".

– Encontrem juntos a solução e cheguem a um acordo: o líder não deve seguir adiante sem que o liderado concorde que existe uma situação que precisa ser resolvida e se disponha a solucioná-la.

– Construam um plano de ação: verbal ou por escrito, não importa o tamanho, contanto que o líder e o liderado concordem que algo precisa acontecer e que deixem registrado de que forma vão solucionar a situação, quais são as ações.

– O líder precisa fazer o acompanhamento do liderado: o líder deve oferecer *feedback* e estimular a continuidade das mudanças positivas, reforçando os resultados alcançados.

Líderes inspiram

"Devemos promover a coragem onde há medo, promover o acordo onde existe conflito, e inspirar esperança onde há desespero."

Mandela

Liderar é inspirar pessoas para atingir metas e realizar sonhos! Quando seguimos nossas inspirações, nos comprometemos a sermos cada dia melhor por nós, pelos outros, pela nossa equipe.

Líderes criam empatia, elogiam de maneira sincera, identificam potenciais individuais e reconhecem os esforços!

O líder comemora as vitórias, é criativo com as derrotas, busca disciplina sempre. Tem clareza do seu propósito como líder, de qual é o seu legado e a marca que quer deixar em sua equipe.

Lembre-se sempre como líder qual o destino e o sentido que você vai dar para sua equipe, mas jamais se esqueça de reconhecer os aprendizados da jornada que levam ao destino.

Inspire, transforme, instigue, seja o Líder que você e todos gostariam de seguir!

foco

inteligência emocional

alta performance *equilíbrio* *delegar*

relacionamentos *lazer* *competências*

Estou chegando na casa dos '50 ou 60': transição DE carreira ou transição NA carreira?

Nelson Roque Schneider

crenças sabotadoras *limitações*

comunicação *qualidade de vida*

planejamento

11

liderança

metas *procrastinação*

Nelson Roque Schneider

Coach "Professional & Self Coaching", certificado por Global Coaching Community (GCC), European Coaching Association (ECA), International Coaching Council (ICC), International Association of Coaching (IAC) e Instituto Brasileiro de Coaching (IBC). Leader Coach, Executive Coaching, Analista Comportamental e Life Coach. Mestre, psicólogo, filósofo, teólogo com três especializações. Mais de 25 anos de atuação como professor de graduação e MBAs, modalidade presencial e EAD. Consultor e palestrante com ênfase no Desenvolvimento de Pessoas nas Organizações.

Contato:

Celular: 21 98899-6249

E-mail: schneidernr@gmail.com

Estou chegando na casa dos '50 ou 60': transição DE carreira ou transição NA carreira?

Começo meu texto com algumas provocações a você; são perguntas que certamente você já se fez alguma vez na sua vida, especialmente você que está chegando na casa dos 50 ou 60 anos; mas, se ainda não está nesta faixa etária, permita-se fazê-las também.

- Como anda a sua carreira? Isso mesmo, a sua carreira, como anda?

_____

- Você curte o que faz?

_____

- O que mais lhe preocupa neste momento da sua vida profissional?

_____

- O que você mudaria se dependesse somente de você?

_____

- O que mais impacta (positiva ou negativamente) na sua carreira?

_____

- Essas perguntas fazem sentido para você hoje, agora?

_____

Pois bem, então siga lendo o que preparei para você! Algumas considerações sobre gestão de carreira na atualidade. Em seguida, apresentarei duas experiências relacionadas à transição de carreira: a minha própria história e a de uma jornalista e executiva de Comunicação e Marketing; ela foi minha *coachee*. Tenho certeza, vai gostar do que escrevi!

Vamos lá! Você se percebe competitivo no seu atual ambiente de trabalho ou atividade profissional? E sobre o mercado de trabalho, o que tem a dizer? Perguntas difíceis de serem respondidas por você? Talvez! Cuidar da carreira é fundamental em qualquer idade, mas, especialmente quando se chega na casa dos 50 ou 60 anos.

O que fazer e por onde começar? Que tal começar a chamar a responsabilidade para você mesmo? Já pensou nisso? Responsabilize-se pelas suas escolhas e elas determinarão seus caminhos! É fácil fazer isso? Claro que não! Requer muito preparo, maturidade, mapear as suas competências técnicas e comportamentais, vislumbrar cenários, estar alerta.

Uma das melhores coisas que podem acontecer na vida de alguém, mas também pode ser uma das mais difíceis, é sair da zona de conforto. Certamente esse é um dos principais segredos para o gerenciamento de sucesso da sua carreira! Destaco aqui as sábias palavras de Carvalho (2015, p. 17), empresário de sucesso do segmento de *software*, quando afirma:

> A carreira profissional de sucesso é muito mais uma questão de comportamento do que de conhecimento técnico, propriamente. Por certo, ter os hábitos corretos fará naturalmente com que o profissional tenha um comportamento adequado em todas as circunstâncias que se lhe deparem. (CARVALHO, 2015, p. 17)

As competências comportamentais são cada vez mais valorizadas e exigidas por parte de empresas de destaque e competitivas, empresas que têm visão de futuro em relação às pessoas e seus negócios.

E segue Carvalho:

> Para termos sucesso em nossas carreiras, precisamos de conhecimento técnico sobre a área de especialização, informações que são adquiridas num curso técnico, numa faculdade, numa pós-graduação ou qualquer outra fonte de aquisição de saber, mas este conhecimento técnico apenas e tão-somente nos iguala a outros milhares de profissionais que estudaram o mesmo assunto. O que fará a grande diferença na carreira é o nosso comportamento em face dos problemas e desafios que irão certamente se apresentar em nossa vida. Serão as ações e reações que abrirão ou fecharão portas na nossa caminhada profissional. (CARVALHO, 2015, p. 17)

Chamo a atenção para a última frase deste fragmento de Carvalho: "Serão as ações e reações que abrirão ou fecharão portas na nossa caminhada profissional". São questões que se voltam até mesmo para quem está em vias de se aposentar ou já está aposentado. Neste momento, segundo Marques (2013, p. 57): "... o desgaste emocional é intenso, pois, o indivíduo se vê perdido ao não saber como lidar com este momento crucial em sua vida". Segue Marques destacando a importância do processo de Coaching neste momento da carreira:

> Para isso, mostrar-lhe que sua carreira não vai parar porque ele está mudando os rumos é essencial para

> que ele se sinta mais confortável com a nova situação... A partir do momento que seu coachee passar a ter esta nova visão sobre sua vida profissional, vai também ter orgulho de tudo o que fez e com isso vai chegar à conclusão de que verdadeiramente é um indivíduo de sucesso, já que conseguiu construir um legado e este será continuado... (MARQUES, 2013, p. 58)

Se você ainda não parou para pensar nisso tudo, quem sabe a hora não é agora?! Você está num momento de **Transição *DE* Carreira** ou num momento de **Transição *NA* Carreira?** Isso está claro para você? Que tal uma metáfora que escrevi para ilustrar e melhor entender o que quero dizer? Veja: você está na sua casa; conhece a sua casa muito bem e você vai de um cômodo para o outro. Vamos imaginar que seja da sala de estar para o escritório. Esses dois ambientes são diferentes; você os frequenta com objetivos diferentes, não é mesmo? Mas vamos seguir na nossa metáfora: agora você sai da sua casa e vai para um outro lugar, um outro espaço! Esse lugar pode ser mais ou menos conhecido por você; pode até ser familiar, mas não lhe dá tanta segurança quanto a sua casa, correto?

Faz sentido para você essa história? Pois bem, então vamos relacioná-la com o seu momento profissional. **Transição *NA* Carreira** seria o primeiro momento dessa metáfora; você transita e amplia a sua atuação profissional dentro do seu campo de formação e experiência; isso requer aprimoramento, formação e qualificação contínua. Porém, **Transição *DE* Carreira** seria, na metáfora, o ato de "sair da sua casa". Há uma diferença significativa se comparado ao primeiro momento, concorda? Isso é impossível? Claro que não; porém, o seu posicionamento será ou deverá ser diferente. Terá de fazer novos investimentos, mapear suas competências técnicas e comportamentais para potencializá-las com vistas a essa transição; mapear forças e fraquezas, crenças limitantes e sabotadores, medos e por aí afora.

Você e eu conhecemos várias pessoas que deram verdadeiras guinadas na sua vida profissional, mudando radicalmente a sua carreira. Conheço uma ex-aluna minha do curso de Psicologia que era atriz de novela naquela época. Formou-se e hoje deixou a carreira de atriz para se dedicar exclusivamente à Psicologia Clínica; ela se preparou para isso! Um dos meus sobrinhos, meu afilhado, que é formado em Odontologia e atuou por alguns anos como tal e hoje é fazendeiro. Deixou totalmente a Odontologia! São casos bem claros de **Transição DE Carreira**. Você certamente conhece muitos casos semelhantes, se já não aconteceu com você mesmo!

Há profissionais que se dedicam a duas carreiras ao mesmo tempo. No campo do magistério superior esse fato é muito comum. Isso é possível? É perfeitamente viável e desejável! Neste caso, estamos falando de **Transição NA Carreira**. Um contador, por exemplo, que tem o seu escritório e é professor do curso de Contabilidade na universidade. Casos semelhantes se aplicam a quase todas as áreas.

Pois bem, em outro momento espero que você esteja comigo para trabalhar ferramentas incríveis e poderosas de Coaching que irão ajudá-lo a fazer o gerenciamento da sua carreira. Quem sabe será a grande oportunidade de você mesmo se dar esse presente?!

Vamos então aos dois casos reais de profissionais que trabalharam as suas carreiras, se dispuseram a assumir as responsabilidades pelas escolhas que fizeram. São dois casos bem distintos, mas, interessantes que, tenho certeza absoluta, lhe trarão aprendizados incríveis!

Começo falando um pouco da minha própria história, do meu processo evolutivo, da minha trajetória profissional e pessoal.

Há cerca de 30 anos trabalho desenvolvendo pessoas e equipes dentro e fora de organizações dos mais diferentes segmentos de negócios e tamanhos. Um trabalho gratificante pelos resultados que são alcançados. É uma longa história que me fez chegar aonde estou hoje, da qual tenho muito orgulho e pela qual sou muito grato!

Olha que interessante: sou o 13º filho de uma família alemã, tradicional e católica do Sul do Brasil. Como na grande maioria das famílias italianas e alemãs daquela época, era muito comum ter alguém consagrado à vida religiosa – seja padre, freira ou irmão pertencente a alguma ordem religiosa. Na minha não foi diferente: tenho uma irmã freira e um irmão que é religioso. Eu fui escolhido pela família para fazer o seminário, preparação para padre. Neste contexto, a vida foi seguindo e fui sendo "coadjuvante" da minha história até praticamente os 30 anos de idade; foi quando eu vim para Petrópolis, região serrana do Rio de Janeiro, em meados da década de 80, para fazer a minha terceira faculdade (Psicologia).

O convite veio de uma pessoa muito especial chamada dra. Cleide T. Barbosa, psicóloga e psiquiatra, hoje com 94 anos, lúcida, dotada de uma inteligência e sensibilidade singulares, que teve a oportunidade de fazer formação com ninguém mais e ninguém menos que Carl Rogers, renomado psicólogo americano e pai da Abordagem Humanista Existencial, Centrada na Pessoa.

A minha vinda para o Rio de Janeiro foi o início da transição da minha carreira e passei a ser o "protagonista" da minha história. Fazendo aqui uma referência à metáfora que apresentei acima, saí literalmente da "minha casa" para um local geográfico e fisicamente distinto. Foi um desafio e um trabalho árduo, identificando e fortalecendo as minhas principais competências voltadas para o desenvolvimento de pessoas. Tive que fortalecer a minha autoimagem, a autoestima, acreditar em mim, aprender a administrar meu tempo e estabelecer metas e prioridades.

Foi preciso fazer escolhas, fazer outra graduação (já havia concluído Filosofia e Teologia) e assumir com responsabilidade os resultados dessas escolhas; permitir-me buscar apoio (destaco aqui o apoio da dra. Cleide – a quem já me referi agora mesmo – e de Francesca, que conheci nesta época e que até hoje é a minha esposa querida, companheira e mãe do meu filho). Foi um trabalho de empoderamento, sem perder de vista princípios e valores das minhas origens. Foi preciso trabalhar minhas crenças limitantes através do processo terapêutico, até porque na década de 80 ainda não se falava de Coaching nem de Psicologia Positiva. Hoje essa transição certamente a faria apoiado também no processo de Coaching de Carreira.

Vieram depois o mestrado, três pós-graduações e a formação de Coaching com certificação internacional.

Nessa época, a partir da década de 80, quando vim para o Rio de Janeiro, ingressei na carreira do magistério superior e na área de Recursos Humanos em empresas de médio e grande porte. A determinação, a disciplina aliadas à administração do tempo, à definição de objetivos e à missão de vida me fizeram descobrir e abraçar a minha essência, o meu verdadeiro chamado. Sou muito feliz por apoiar pessoas em diferentes momentos de suas vidas, especialmente através do processo de Coaching, da atuação acadêmica e consultoria.

Essa é a minha história, apresentada aqui muito rapidamente. Tenho orgulho da minha trajetória!

Vejamos agora a extraordinária transição de carreira feita recentemente por uma das minhas *coachees*: a história da Thaís. Ela é jornalista e executiva de Comunicação e Marketing. Realizou o processo de Coaching comigo. Durante as sessões, percebeu uma nítida evolução do processo, alcançando com êxito o seu estado desejado: ser *coach* de casamento, cujo processo e formação para tal já havia iniciado anteriormente.

Afirma ela textualmente: "A cada sessão com o meu *coach*, a ação que me propunha a cumprir era realizada e, assim, a minha 'roda foi entrando em movimento'. Os clientes foram aparecendo cada vez em maior número. Ouvir com atenção e dedicação, além de demonstrar domínio das ferramentas de Coaching, são, sem dúvida, alguns dos grandes destaques do perfil de um *coach* competente e esse é o perfil do Schneider. Destaco aqui a sua motivação com cada passo meu realizado; a comemoração em conjunto de cada vitória minha, que, na verdade, era uma vitória nossa, do nosso processo, que continuava em constante evolução". Nas nossas sessões semanais, tanto presenciais quanto online, conseguíamos traçar as metas e acompanhar todos os passos, encurtando, assim, o caminho do sucesso da nova carreira dela.

O comprometimento da Thaís com o processo e as instigações para novos caminhos e novas possibilidades que eu fazia a cada sessão, especialmente através de perguntas poderosas e a utilização das ferramentas de Coaching, contribuíram, sem sombra de dúvida, para a sua transição de carreira, que estava se consolidando; e assim foi!

Portanto, aí estão os dois casos de transição de carreira. Espero que tenha gostado e que tenham contribuído para que você possa pensar e repensar a sua carreira também. Quero que você esteja comigo em outro momento para trabalhar ferramentas incríveis e poderosas de Coaching que irão ajudá-lo a fazer o gerenciamento da sua carreira. Esse encontro e material já estão prontos! Que tal você se dar esse presente? Fique atento e faça contato comigo! Muito obrigado!

Referências

CARVALHO, L. **Dicas de Gestão & Carreira de um Empreendedor**. São Paulo: Editora Leader, 2015.

MARQUES, J. R. **Coaching & Carreira**: Técnicas Poderosas, Resultados Extraordinários. Goiânia: IBC, 2013.

foco
inteligência emocional
alta performance
equilíbrio
delegar

relacionamentos
lazer
competências

Planejamento empresarial

Paulo Eduardo Rosselli Wünsch

crenças sabotadoras
limitações
comunicação
qualidade de vida

planejamento

12

liderança

metas
procrastinação

Paulo Eduardo Rosselli Wünsch

Mestre em Economia na área de Controladoria pela UFRGS, bacharel em Ciências Contábeis (1990) e em Administração (1989) pela Faculdade Porto Alegrense de Ciências Contábeis e Administrativas. Coordenador e professor do curso de Pós-graduação do Senac-Sescon e do curso de Ciências Contábeis, professor titular das disciplinas de graduação de Custos, Contabilidade Atuarial, Orçamento, Controladoria e Planejamento Tributário na Faculdade SENAC de Porto Alegre – FSPOA, professor das Faculdades de Taquara – FACCAT, ministrando as disciplinas de Contabilidade Introdutória, Cálculos Atuariais e Orçamento Empresarial, e professor da Faculdade de Tecnologia em Saúde – IAHCS, das disciplinas de Custos em Saúde e Auditoria em Saúde. Profissionalmente atua como consultor na AW Business Consulting, nas diversas áreas da Administração, com ênfase em Administração Financeira, nos segmentos de seguros, instituição financeira, informática, mineração, produtos hospitalares, frigoríficos, escritórios comerciais e contábeis, auditorias contábeis, climatização industrial e indústrias de beneficiamento, entre outras.

Planejamento empresarial

Há muito tempo ouvimos que devemos planejar nossas vidas para atingir o sucesso, ora, se isso é fundamental para nós, profissionais, seria lógico imaginarmos esta ação nas organizações, planejamento deve fazer parte do modelo de gestão das empresas que pensam em crescer, se desenvolver e ampliar seus espaços comerciais.

A falta de planejamento é um fator que afeta sobremaneira os processos organizacionais, ocasionando deficiências ou falta de resultados satisfatórios no atendimento a seus principais objetivos – *satisfazer as necessidades de seus consumidores* – e as consequências são fatais a sua continuidade.

Criar um sistema adequado e contínuo de planejamento beneficia a todos na organização, facilitando a tomada de decisão que, sem dúvida, é a ação mais difícil do processo administrativo.

Neste sentido, há alguns elementos que obrigam as organizações a tomarem decisões que, se não o fizerem, podem acarretar uma infinidade de situações problemáticas para sua continuidade, listadas na figura 1.

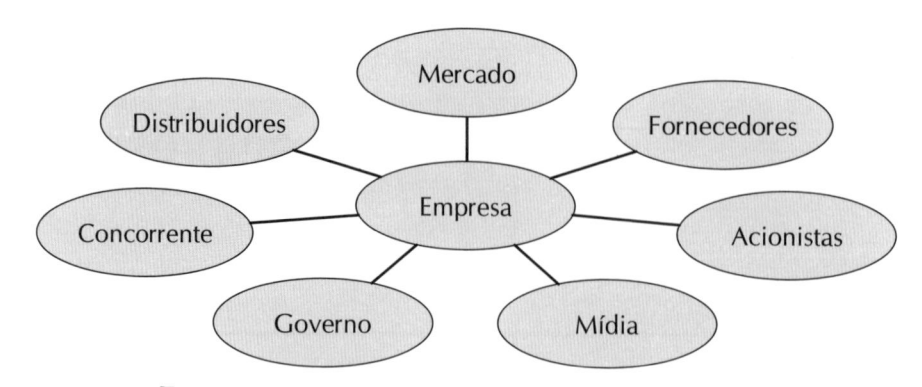

Figura 1 – Impactos aplicados sobre as organizações

Cada um dos elementos acima influencia de forma diferente a organização, mas todos, com certeza, refletirão perdas nos resultados e, consequentemente, em suas ações estratégicas.

Os impactos acima, considerados externos, exigem a mudança imediata de atitudes dos administradores, visando à manutenção e sustentação da empresa no mercado em que atuam.

Há, entretanto, as influências internas que também são importantes ao sucesso empresarial, entre elas destacam-se: os investimentos operacionais – quanto à aquisição de novos bens de produção e de comercialização, desenvolvimento de novos produtos e na contratação de profissionais qualificados, adotando políticas de constantes renovações dos processos operacionais e de comercialização da empresa – e a qualificação profissional – o processo deve ser contínuo e intensificado, mas há, também, a necessidade de oferecer as melhores condições possíveis para a atuação de seus profissionais, inserindo um adequado plano de benefícios e de aproveitamento de potencialidades.

Orçamento

Instrumento que planeja e controla os processos das operações e dos investimentos organizacionais, aproveitando melhor a utilização dos recursos físicos e monetários à disposição, sendo aplicável a qualquer tamanho ou ramo de atividade.

Características

Tecnicamente o orçamento apresenta inúmeras características, mas algumas sequer exigem explicação, tais como: projetar o futuro; ser funcional e aplicável; ser flexível, considerando as oscilações constantes da economia; ter tempo certo de execução, padronização de processos e, um dos mais relevantes, contribuição direta de quem decide.

Análises antecipadas

As decisões requerem avaliação de fatores que influenciarão diretamente o resultado final, existem fatores que, se avaliados inadequadamente, refletirão de forma negativa no planejamento. Tais fatores envolvem aspectos macroeconômicos – *tendência da política governamental ou evolução da taxa de juros* – e microeconômicos – tecnologia desenvolvida no setor ou política de preços praticados.

Planejamento comercial

Esta projeção tem grande relevância para o planejamento empresarial, em decorrência de ser a estimativa de receitas que a organização pretende atingir para o período projetado, aliada à sua interdependência com as outras áreas da organização.

Dificuldades na elaboração

Planejar as vendas de uma organização requer foco e perseverança na busca das metas estabelecidas, nem sempre conquistadas, normalmente decorrentes de fatores relacionados ao desconhecimento da potencialidade de seu mercado, à falta de registro das vendas efetuadas em períodos passados, estrutura de vendas deficiente ou os profissionais não possuem capacidade para sua efetivação.

Elaboração

No plano de vendas é essencial analisar e avaliar, antecipadamente, alguns fatores. O primeiro deles envolve o potencial de mercado, e este sob duas abordagens, a estrutura de composição do mercado e os meios de distribuição. Sendo que a estrutura de mercado relacionada à concorrência, política de preços praticados e à tecnologia desenvolvida na área de atuação.

O segundo fator que requer atenção refere-se às condições e perspectivas econômicas do país e o terceiro está relacionado ao comportamento histórico das vendas, a fim de avaliar o desempenho comercial da empresa, excluindo aqueles períodos atípicos ou fora da curva normal.

Limitações

Mesmo com todas as precauções na elaboração do planejamento comercial existem alguns fatores que limitam a elaboração das vendas futuras da organização, tais como: capacidade de produzir, de distribuir e de armazenar, e a disponibilidade de recursos financeiros, de matérias-primas e de mão de obra direta.

Demonstração

Esta projeção pode ser demonstrada de várias formas, mas há elementos comuns a quase todas as apresentações, tais como: preço de venda, quantidade a ser vendida, mercado a ser oferecido e valor total das vendas projetadas. É relevante destacar, no entanto, que demonstrar as vendas pode variar em função do tamanho e do ramo de atividade da empresa e, também, do grau de detalhamento das informações existentes.

Planejamento de produção

Sua elaboração será baseada nas unidades de vendas projetadas, considerando que somente se planeja o montante de custos relacionados com o consumo de matérias-primas, com a mão de obra direta e com os indiretos de produção, se houver mercado para sua comercialização.

Este plano é sequência dos estudos da área de custos da empresa, a qual deverá calcular o valor unitário das matérias-primas necessárias à produção de cada produto, do custo do valor da hora profissional, conforme sua especialização e composição de remuneração, além da utilização das metodologias de apropriação dos custos indiretos de produção ou execução dos serviços.

É importante ocorrer, ainda, a integração de três aspectos, tais como: atender ao planejamento comercial, redução dos custos da produção e de investimentos em estoque, seja dos produtos prontos, dos produtos em elaboração e de matérias-primas.

Elaboração

Para se planejar o que produzir, após o conhecimento do planejamento das unidades projetadas de vendas é importante calcular o número de unidades a serem fabricadas, orientado pela fórmula:

$$P = UVP - EIpp + EFpp$$

P = unidades a serem produzidas no período;

UVP = unidades de vendas projetadas;

EIpp = estoque inicial produtos projetados;

EFpp = estoque final produtos projetados.

Matérias-primas

Este planejamento segue a necessidade de produção para atender à projeção realizada no plano comercial, em termos quantitativos, mas é prioritário definir, também, as políticas de estocagem; criar programa de suprimentos e estimar os custos a serem gastos com este item.

a) Em unidades físicas podemos utilizar a fórmula:

$$UCPP = CPP + EImp - Efmp$$

UCPP = unidades de compras do período projetado;

CPP = compras do período projetado;

EImp = estoque inicial de matérias-primas;

EFmp = estoque final de matérias-primas.

b) Em termos monetários, utilizamos a seguinte fórmula:

$$Cmp = EImp + COmp - EFmp$$

Cmp = Custo de matérias-primas;

EImp = Estoque Inicial de matérias-primas;

COmp = Compras de matérias-primas;

EFmp = Estoque final de matérias-primas.

Mão de obra direta

Envolve orçar as necessidades de pessoal para a execução do processo produtivo da empresa e o respectivo tempo de execução de cada atividade, a aplicação destes dois elementos sobre o valor do custo da hora profissional resultará no montante que será gasto com a produção de cada produto ou serviço. Pela aplicabilidade da fórmula:

$$CMOD = [P \times (h/uf \times p/h)]$$

CMOD = custo da mão de obra direta;
P = unidades a serem produzidas no período;
h/uf = horas necessárias por unidade produzida;
p/h = remuneração paga ao profissional por hora.

Indiretos de produção

Estimar os gastos envolvidos na fabricação ou execução do serviço, mas que não dependem do volume de unidades a serem produzidas ou horas de serviços a serem executados. É importante destacar que estes gastos devem ser adequadamente apropriados, entre as metodologias de custeio existentes, para melhor mensuração de seu valor.

Os custos de produção mais comuns envolvem: mão de obra indireta com encargos sociais, trabalhistas e benefícios, materiais secundários, seguros das máquinas, equipamentos, prédios da área de produção, aluguel do prédio de produção, serviços de terceiros, depreciações de máquinas, equipamentos, prédios, veículos da produção, energia elétrica, água, comunicações, entre outros. São calculados pela fórmula:

$$CIF = MOI + MS + ST + S + D + EE + ALUG + etc.$$

CIF = Custos Indiretos de Fabricação;
MOI = mão de obra indireta;
MS = Materiais secundários;
ST = Serviços de Terceiros;
S = Seguros;
D = Depreciações;
EE = Energia Elétrica;
ALUG = Aluguel.

Custo derivado da produção

Projetar pela soma dos três pilares de custos orçados nos subitens anteriores: matéria-prima, mão de obra direta e os indiretos de produção, calculado pela fórmula:

$$CDP = Cmp + CMOD + CIF$$

CDP = Custo derivado da produção;

Cmp = Custo de matérias-primas;

CMOD = Custo da mão de obra direta;

CIF = Custo Indireto de Fabricação.

Custo dos produtos projetados

Inclui, além do custo derivado da produção projetado, também a política de estoques estabelecida pela empresa. Entretanto, os estoques iniciais de produtos prontos e em processamento deverão ser projetados em valores monetários, enquanto que os finais serão estimados em valores físicos e transformados em valores monetários, na data de elaboração do planejamento, conforme fórmula:

$$CPV = CDP \pm \Delta Epp \pm \Delta Epemp$$

CPV = Custo dos Produtos Vendidos;

CDP = Custo Derivado da Produção;

ΔEpp = Variação dos Estoques de Produtos Prontos;

$\Delta Epemp$ = Variação Estoques de Produtos em Processamento.

Planejamento das despesas operacionais

Este planejamento corresponde àqueles gastos necessários à sustentação, manutenção e comercialização dos produtos ou serviços da empresa, envolvendo as despesas administrativas, com pessoal, comerciais, financeiras e tributárias.

Despesas administrativas

Geralmente relacionadas a itens classificados nos gastos fixos e fundamentais à funcionalidade da organização, sendo que a análise dos dados históricos se constitui em boa fonte para sua estimativa. Os principais são: aluguéis e condomínios, água, energia elétrica e comunicações, depreciações e manutenções etc.

Despesas com pessoal

Envolve os gastos com os recursos humanos que não estejam relacionados com o processo de produção, incluindo os encargos e os benefícios concedidos pela organização.

Despesas com vendas

Provenientes da comercialização dos produtos ou serviços.

Despesas financeiras

São aquelas despesas oriundas de juros, descontos e atualização monetária, encargos decorrentes de aplicações temporárias em títulos ou ações, taxas de cobranças bancárias e de abertura de crédito, entre outros. Caso a empresa tenha um histórico de receitas financeiras, compensar com as despesas financeiras acima.

Despesas tributárias

Justificado pelo elevado número de impostos que a empresa terá que desembolsar no período, decorrente da incidência de impostos, taxas, contribuições de melhorias, empréstimos compulsórios e contribuições especiais.

Muito embora alguns tributos sejam vinculados ao faturamento e outros aos resultados, não sendo tratados como despesas, neste planejamento se pode incluir estes tributos com o intuito de projetar o volume de recursos que será desembolsado para este item.

Planejamento de caixa

Projeta os possíveis movimentos de recursos financeiros que ocorrerão no caixa da organização. É o principal instrumento de programação financeira, cujo objetivo é verificar se, em determinado período projetado, a soma de recebimentos com os desembolsos resultará em excedente ou escassez de recursos financeiros.

Informações

As fontes de informações para a elaboração deste orçamento são os planejamentos comerciais, proporcionais entre recebimentos a vista e a prazo, de produção, de despesas operacionais e as receitas e despesas não operacionais.

Considerações finais

Planejar as atividades operacionais auxilia no sucesso organizacional, e a partir destas informações, adequadamente definidas, podemos partir para o planejamento estratégico, mas, é sempre importante destacar que de nada adianta o planejamento se não houver o controle e acompanhamento dos montantes projetados.

Referências

GROPPELLI, A. A.; NIKBAKHT, E. **Administração financeira**. 3. ed. São Paulo: Saraiva, 2010.

MACHADO, J. R. **Administração de finanças empresariais**. Rio de Janeiro: Qualitymark, 2002.

PARISI, C.; MEGLIORINI, E., org. **Contabilidade gerencial**. São Paulo: Atlas, 2011.

ZDANOWICZ, J. E. **Planejamento financeiro e orçamentário**. 3. ed. Porto Alegre: Sagra Luzzatto, 2000.

O espírito de equipe e seus resultados

Paulo Martinez

13

Paulo Martinez

Atualmente ocupa o cargo de diretor de Novos Negócios.

Casado, pai de três filhos, estudou Direito na Universidade Presbiteriana Mackenzie, em São Paulo, pós-graduação em Análise de Sistemas e MBA em Gestão de Projetos pela instituição Faculdades Metropolitanas Unidas (FMU). Atua como Personal Branding trabalhando na reestruturação dos processos organizacionais; passou por empresas como Microsoft, Estapar e Banco Itaú.

Sócio da Martinez e Calvo Palestras, Treinamentos & Finanças, empresa prestadora de serviços na área de negócios e economia global, em forma de palestras, treinamentos, aulas, workshop e consultorias, atuante em mais de 40 estados, e em quatro países (Brasil, Itália, França e Angola).

Contato:

E-mail: paulo.martinez@palestrafinanceira.com.br

Facebook: @prmartinezconsultoriaebranding

Instagram: @paulomartinez2

Twitter: @paulomartinez2

Blog Café&Finanças: www.palestrafinanceira.com.br/blog

Site: www.palestrafinanceira.com.br

O espírito de equipe e seus resultados

O mundo corporativo e empresarial se mostra bastante desafiador no atual contexto em que os profissionais vivem. Pode-se dizer que são inúmeros os desafios encontrados, o que exige uma resposta quase imediata para resolução dos mesmos. Dessa forma, o adequado e eficaz trabalho em equipe se faz necessário. É preciso focar no espírito da equipe, nas habilidades de cada um, nos princípios que norteiam a empresa e o profissional e nos desafios existentes.

De acordo com Klein *et al.* (2012),

> ...a dinâmica competitiva do mercado, nas últimas décadas, vem impondo às empresas níveis crescentes de complexidade e interdependência, tanto nas relações intraorganizacionais como interorganizacionais. A necessidade constante de mudanças tecnológicas, econômicas e sociais tem pressionado as organizações a desenvolverem combinações diferenciadas de suas competências como forma de alavancar vantagem competitiva ou mesmo de buscar assegurar sua sobrevivência.

E quem não busca se adequar a esse contexto infelizmente pode ficar obsoleto e perder mercado.

Pode parecer lugar-comum e muitas pessoas já sabem, mas de fato nenhuma pessoa é capaz de desenvolver uma atividade sozinha e para se obter bons resultados é imprescindível ter consciência da importância e da necessidade de contribuição do outro. Embora cada profissional tenha as suas próprias competências e experiências, é somente juntando o conhecimento de todos que uma equipe se torna mais sólida e mais competitiva. **Somente com pessoas cooperando mutuamente que os resultados de excelência ocorrerão**. Ainda de acordo com Klein *et al.* (2012):

> ...a perspectiva funcional destaca as competências coletivas como um conjunto de recursos produtivos ou funcionais das empresas que complementam e reforçam o conceito de competências organizacionais, "desdobrando-as" e segmentando-as nos diferentes setores da empresa. Essas competências internas compõem o portfólio de competências, que consiste na combinação das competências individuais dos grupos ou áreas de trabalho.

Mas afinal o que é "trabalho em equipe"?

Vamos começar por essa definição aparentemente simples, mas que pode exibir várias lacunas e ideias diferentes. Trabalho em equipe pode ser definido como o momento em que um determinado grupo se une com o objetivo de se obter um resultado em comum. De acordo com Onça *et al.* (2018), **equipes *são definidas como indivíduos que atuam de modo interdependente para atingir objetivos comuns em um contexto organizacional mais amplo*.**

É importante destacar que equipe não tem um significado único que servirá para todas as empresas. Cada particularidade deve ser analisada e respeitada. De acordo com Weber *et al.* (2013),

> ...é importante esclarecer que a constituição de equipes adquire significados distintos em diferentes setores. É preciso considerar as singularidades ao compreender, por exemplo, o trabalho de uma equipe de saúde, ou de analistas de sistemas em uma multinacional, ou de operários em uma empresa automobilística, ou de publicitários em uma megalópole etc...

O trabalho em equipe é feito por todos e para todos. Não se pode falar nessa coletividade, nesse esforço em conjunto, eliminando alguns setores e/ou funções. Todas as partes interessadas devem estar focadas no objetivo comum pois somente assim o sucesso e alta performance serão uma realidade. Cabe às empresas disseminar esse sentimento de inclusão, isso deve ser parte da cultura organizacional. Segundo Palacios *et al.* (2005),

> ...as equipes de trabalho constituem unidades de desempenho, cuja implementação é cada vez mais frequente no âmbito organizacional. Este incremento pode ser considerado efeito dos processos de mudança, sofridos pelas organizações em resposta às pressões exercidas pelo meio ambiente, que cobra respostas efetivas às suas demandas. Nas equipes de trabalho, em decorrência da sua estrutura, a interação dos membros é imprescindível, pois os objetivos serão atingidos apenas a partir do esforço conjunto.

Falar de trabalho em equipe é também falar do comportamento do ser humano. Como conduzir distintas pessoas com maneiras diferentes de agir e pensar? Como cada profissional pode reagir de uma forma distinta diante de um fato, saber ter um diálogo claro é fator determinante para o bom andamento do trabalho em equipe. Sem uma conversa objetiva é quase impossível atingir o sucesso. É importante também destacar alguns comportamentos esperados para todo esse contexto. Não se pode falar de trabalho em equipe sem mencionar proatividade, criatividade, liderança, respeito e a habilidade de se comunicar.

Manter vivo o espírito da equipe é de suma importância. Essa equipe deve ser motivada e desafiada o tempo todo. Assim sendo, os desafios serão vistos como uma nova oportunidade de aprendizado e conhecimento. E, uma vez outro desafio ultrapassado, o profissional se sentirá ainda mais encorajado a passar por novas barreiras. No entanto, é importante ressaltar que estes desafios devem ser possíveis de ser resolvidos. Desafios impossíveis trazem o efeito inverso: pessoas desmotivadas e sem vontade de dar o melhor de si. De acordo com Kahn (1990), citado por Sender et al. (2017), *o funcionário engajado é aquele atrelado ao desempenho dos seus papéis no trabalho, de forma física, cognitiva e emocional.*

As habilidades de cada profissional devem ser investigadas de forma a verificar e direcionar as tarefas de cada um e garantir o sucesso do trabalho em equipe. Assim sendo, saber elencar quem faz o que, de acordo com suas experiências e conhecimento, é essencial para o sucesso. Quando há lacunas e não se sabe ao certo quem é responsável por determinada tarefa, cada um pode fazer qualquer coisa e a partir daí se perde o controle.

É importante que também sejam evidenciados os princípios das empresas para os profissionais. Estes precisam ter conhecimento sobre a empresa, qual é a visão, missão e valores da mesma. Dessa forma, todo comportamento e ação do profissional devem ser moldados dentro do que a empresa é. E esse contexto é de extrema importância para o trabalho em equipe, uma vez que todos precisam conhecer sob qual base devem ser moldadas as suas ações. De acordo com Mowday, Porter e Steers (1982) *apud* Sender et al. (2017), *uma ligação psicológica com a organização leva o indivíduo a internalizar os objetivos da empresa e voluntariamente se comportar de forma a alcançá-los.*

Dessa forma, é essencial que as empresas se esforcem no sentido de disseminar a cultura do trabalho em equipe. Todo profissional deve ser encorajado a se comunicar e evidenciar as suas ideias. O diálogo aberto e aquela conversa em que os trabalhadores saibam se comunicar é uma ferramenta valiosa para que os funcionários entendam que são parte de um todo. Através do diálogo, o trabalho em equipe proporciona aos envolvidos muitas trocas e aprendizados. Cada um tem uma experiência própria que pode ser evidenciada, compartilhada e dividida. Assim sendo, o trabalho tende a se tornar mais otimizado, uma vez que o conhecimento de cada um pode ser direcionado ao item de maior afinidade.

No entanto, o ambiente empresarial é naturalmente competitivo e as pessoas são individualistas por natureza, colocando sempre seus objetivos particulares em primeiro lugar

Esse contexto, em alguns casos, pode apresentar alguns desvios, pois orientar e conduzir pessoas não é um processo fácil. Cabe ao gestor saber direcionar os envolvidos de forma clara e coerente. Abaixo serão citados alguns fatores que dificultam o trabalho em equipe. E isso tem como objetivo elucidar claramente o que não deve ser feito pelas empresas e pelos funcionários. Vamos aos itens:

1) **Falta de um objetivo concreto** – quando o que se busca não está definido não há foco. Como focar em algo que não sei o que é? Isso causa desmotivação e falta de envolvimento com o trabalho;

2) **Características individualistas** – um perfil profissional que considera que pode fazer tudo sozinho poderá trazer prejuízos ao grupo e à empresa. Cabe aos gestores focar no treinamento para desenvolver o espírito de coletividade;

3) **Gestores centrados apenas nos números** – gestores centrados só em apresentar bons números tendem ao fracasso.

Quando se fala em ambiente de trabalho, também se fala de gente, de gestão de pessoas. Dessa forma, além de números e dados, quem gerencia também deve estar atento a pessoas e a seu comportamento. Saber motivar uma equipe faz toda a diferença, pessoas precisam de atenção;

4) **Falta de comunicação** – quando a comunicação não é bem estabelecida e o ruído é o principal elemento, muitos conflitos podem ocorrer. Deve ficar bem explícito para todos quem comunica o quê e por meio de qual canal;

5) **Ter medo de perguntar e de aprender** – não se pode apenas "fazer por fazer". Se tem dúvida, ela deve ser esclarecida; se não sabe, pode aprender. Perguntar sempre! Esse deve ser o lema. Todos devem se sentir desafiados a aprender novos conhecimentos, a sair da inércia. Um bom gestor também deve saber cativar cada um em relação a esses desafios.

Para que esses itens acima não se tornem realidade, um bom gestor deve estar atento a alguns elementos essenciais. Estimular o trabalho em equipe começa no processo seletivo. Por que contratar alguém que já dá indícios de que não sabe trabalhar em equipe? Saber escolher um perfil profissional proativo, comprometido e que saiba se comunicar deve ser requisito obrigatório. De acordo com Meyer *et al.* (2002), *comprometimento é algo que reside no indivíduo e refere-se a uma força interna que liga o mesmo a um objetivo (social ou não social) ou, ainda, a um curso de ação relevante para atingir esse objetivo.*

Um gestor com bom desempenho deve sempre compartilhar com entusiasmo as metas alcançadas e qualquer vitória, evidenciando sempre o papel do trabalho em equipe. Um gestor que chama apenas para si a responsabilidade sobre um desempenho de excelência não sabe trabalhar em equipe. Ele comete um erro que deveria combater. Outra maneira de estimular o trabalho em equipe é através de treinamentos. Estes podem ser ferramenta-chave para desenvolver habilidades ainda ocultas. Além disso, o gestor deve sempre analisar as ações da equipe, verificar o andamento das atividades e ouvir sugestões. Dessa forma, podem-se mapear os pontos a melhorar.

Oliveira (1999), *apud* Pinho *et al.* (2015),

> ...aponta as competências necessárias ao gestor de pessoas. Segundo a autora, os conhecimentos indicados nos resultados foram: estabelecer objetivos, estratégias e políticas de recursos humanos; fazer planejamento de recursos humanos; técnicas gerenciais; técnicas de treinamento e desenvolvimento de pessoal; e avaliação de desempenho.

O trabalho em equipe é necessário para qualquer empresa e para qualquer profissional independentemente de qual segmento se dá a empresa. Não há como falar de sucesso sem se falar de pessoas, sem se falar do trabalho em equipe. De acordo com Dos Santos *et al.* (2014),

> é preciso que haja um conjunto de pessoas trabalhando de forma interdependente para que se consiga atingir boa parte das metas que são estabelecidas para as células, sejam elas setores, departamentos, superintendências ou qualquer outro tipo de organização funcional.

E, mesmo que o foco aqui seja o ambiente corporativo, é importante destacar que o trabalho em equipe é válido também para toda a vida. Na sua casa, na sua faculdade, na sua academia, na sua vida como um todo, há um trabalho em equipe. Em qualquer ambiente sempre haverá pessoas trabalhando em prol de um objetivo comum. Somente com trabalho em conjunto podem-se construir ambientes saudáveis e promissores.

Em um mercado altamente competitivo, um profissional que hoje sabe trabalhar em equipe e conduzir os desafios tem um diferencial. Outro ponto importante é saber conviver com as diferenças. O seu colega de trabalho é diferente de você. Ele pode ter outra formação acadêmica, pode ter outra cultura e pode trabalhar e agir de forma diferente de você. Desse modo, esteja preparado para o constante diálogo. Somente conversando com respeito os resultados desejados são alcançados. Assim sendo, desenvolva as suas habilidades, procure se capacitar, converse, esteja aberto ao novo e ao conhecimento. No trabalho assim como na vida é em equipe que se constroem os maiores impérios!

Referências

DOS SANTOS, D. de A. F. *et al.* Representações Sociais acerca do Trabalho em Equipe. **Psicol. cienc. prof.**, vol. 34, n.3. Brasília July/Sept 2014.

KAHN, W. A. (1990). Psychological conditions of personal engagement and disengagement at work. ***Academy of Management Journal***, *33*(4), 692-724.

KLEIN, M. J. *et al.* A emergência das competências coletivas a partir da mobilização de diferentes grupos de trabalho. **Organ. Soc.**, vol.19, n.63. Salvador Oct./Dec. 2012.

MEYER, J. P.; STANLEY, J. D.; HERSCOVITCH, I.; TOPOLNYTSKY, I. Affective, Continuance and Normative commitment to the Organization: a meta-analysis of antecedents, correlates and consequences. ***Journal of Vocational Behavior***, v. 61, p. 20-52, 2002.

MOWDAY, R. T., Porter, L. W., & Steers, R. M. (1982). ***Employee-organization linkages: The psychology of commitment, absenteeism, and turnover***. New York: Academic Press.

ONÇA, S. da S. *et al.* Clima e comportamentos de aprendizagem grupal. **Organ. Soc.**, **vol. 25, n. 86. Salvador July/Sept. 2018**

PALACIOS, K. E. P. *et al.* O efeito da interdependência na satisfação de equipes de trabalho: um estudo multinível. **Rev. adm. contemp.**, vol. 9, n. 3. Curitiba July/Sept. 2005.

PINHO, A. P. M. *et al.* Diferentes Vínculos Organizacionais: Explorando Concepções, Fatores Organizacionais Antecedentes e Práticas de Gestão. **Organ. Soc.**, vol. 22, n. 75. Salvador Oct./Dec. 2015

SENDER, G. *et al.* As Organizações e a Felicidade no Trabalho: Uma Perspectiva Integrada. **Rev. adm. contemp.**, vol. 21, n. 6. Curitiba Nov./Dec. 2017.

WEBER, L. *et al.* Conexões entre trabalhadores: alternativas para além do discurso hegemônico de grupos e equipes. **Organ. Soc.**, vol. 20, n. 65. Salvador Apr./June 2013.

Sete lições
de liderança

Pedro Renato
Ribeiro Guimarães

14

Pedro Renato Ribeiro Guimarães

Coach pessoal profissional com certificação pela Sociedade Gaúcha de Coaching (SGC). Analista DISC® com certificação pela HRTools Inc. Graduado em Administração de Empresa pela PUC/RS. Pós-graduado em Qualidade da Administração pela FEA/UFSMA. Eletrotécnico formado pelo Instituto Federal de Educação, Ciência e Tecnologia Sul-rio-grandense (IFSul). Coautor dos livros: *A Fórmula do Coaching: Foco+Ação = Resultado, Empreendedorismo, Coaching para Liderança e Coaching para Executivos*, todos pela Editora Leader, e *O Poder Transformador do Coaching*, pela Editora Transformare. Experiência de mais de 30 anos no mundo corporativo.

Contatos:

Telefone: 53 3226-3365

E-mail: pedrorenatoribeiroguimaraes56@gmail.com

Site: www.pedrorenatoguimares.com.br

Sete lições de liderança

Este artigo foi escrito com base na minha experiência profissional de 38 anos no mundo corporativo e na formação de Coach Executivo e de Carreira.

A maior parte do meu tempo de trabalho foi atuando na liderança de pessoas. Vivenciar a liderança é ter a oportunidade de avaliar o que deu certo e o que não deu. Entender o que significa uma boa prática. Os ensaios, as provas, as preparações, os momentos em que foi possível comemorar, mas também os momentos tristes e os de solidão, porque muitas vezes o líder está sozinho, principalmente na hora de tomar decisões.

A formação no processo de Coaching trouxe os ingredientes finais: a metodologia e o ser humano, que são os pilares do processo. Muitas vezes, a velocidade da empresa, a pressão pelo resultado impedem que o líder veja os colaboradores como pessoas.

Sete lições, sob minha ótica, para exercer a liderança de pessoas:

1. Relacionamento Interpessoal

2. Foco no Resultado

3. Capacidade de Unir o Time em Torno de Objetivos

4. Utilização Correta dos Talentos

5. Desenvolvimento do Time

6. Autoconhecimento

7. Qualidade de Vida

Relacionamento interpessoal

Este é o principal ponto. Um Líder deve se relacionar bem com todas as pessoas de todos os níveis. Podemos dizer isso de outra forma: um Líder respeita todos. (Vale dizer aqui que a palavra respeito significa aceitar aquela pessoa como ela é, independentemente do cargo que ocupa, da forma como se veste, de sua aparência ou forma de falar). Também não se trata de fingir que trata bem as pessoas, isso é um erro que mais cedo ou mais tarde será percebido pelos colegas. Um aspecto que não devemos esquecer é que ficamos mais tempo com nossos companheiros de trabalho do que com nossa família e, por isso, o Líder busca sempre a harmonia e uma boa relação. Um Líder constrói relacionamentos, constrói união, constrói vínculo. Por isso esta lição é a mais importante. Você segue alguém, é liderado, porque existe ligação e confiança entre vocês. Liderar é sinônimo de cooperação, colaboração, entendimento e acordo. De uma forma mais profunda, liderar é algo imaterial, impalpável e intangível. Você já perguntou para uma pessoa por que segue alguém?

Quando não existe essa cooperação, não se trata de liderança. É o chefe mandando e pessoas obedecendo. Simples assim. A diferença entre liderança e chefia é percebida quando o Líder e o Chefe não estão presentes.

Quando o Líder não está presente, tudo funciona como se

ele estivesse ali, porque todos sabem o que devem fazer e isso não depende dele nem da sua presença.

Quando o Chefe não está presente os colaboradores estão aliviados porque não estão pressionados e amedrontados pela autoridade. Há mais liberdade para trabalhar. O ambiente fica mais ameno.

Foco no resultado

Uma liderança de sucesso tem foco no resultado. A frase de Sêneca ilustra: *"Quando se navega sem destino, nenhum vento é favorável"*. Saber quais resultados são buscados é função do Líder. Também manter os liderados com a atenção naquilo que é importante é função de liderança. Um erro bastante comum é o de um Líder executar, rotineiramente, tarefas que são de responsabilidade de sua equipe de trabalho. Ele deve saber quais são os resultados esperados e para onde devem ser concentrados os esforços, para que as metas sejam alcançadas. Para ter foco no resultado é essencial que o Líder atue perante o seu time. Como você vai saber que seus liderados estão desviando do caminho do resultado se você está em uma sala sozinho? Liderar não é sinônimo de isolamento. Estando distante de seu time você vai saber dos acontecimentos aos pedaços, faltarão informações, porque você não está vendo o todo.

Capacidade de unir o time em torno de objetivos

O Líder tem a capacidade de unir as pessoas em torno de objetivos comuns porque ele construiu um entendimento, uma relação. Ele doou uma parte de si, dedicou tempo, para interessar-se pelo(s) liderado(s). Ele recebe em troca. As pessoas o ouvirão porque ele, o Líder, também as ouviu. Mencionei uma das qualidades de um bom Líder: saber ouvir!

> *"Saber ouvir pode impedir que os problemas se avolumem."* (MAXWELL, 2008, p. 66)

Sempre haverá liderados dispostos a falar! Compete ao Líder saber ouvir! E em muitas destas oportunidades os outros vão falar o que você precisa ouvir e não o que gostaria de ouvir. Quando você aciona o "dispositivo de saber ouvir" está colocando à sua disposição toda a presença de sua equipe na empresa. Por que digo isso? Porque seus colaboradores estão presentes em todos os lugares da organização, inclusive naqueles em que você não se faz presente. Com isso, todas as informações ficam disponíveis. Ouça sua equipe!

Utilização correta dos talentos

> *"A primeira regra da administração é esta: não mande seus patos para uma escola de águias. Quer saber o motivo? Porque não vai dar certo. Pessoas competentes são descobertas, e não transformadas."* (MAXWELL, 2008, p.101).

Um diretor de uma das empresas em que trabalhei costumava dizer: *"Você pode ensinar um peru a subir em árvores. Mas é melhor contratar um macaco!"*

É função do Líder descobrir os talentos do seu time. É conhecendo seus liderados que saberá extrair deles o seu melhor.

E, para que fique claro, não estou incentivando dispensar seus colaboradores, muito pelo contrário. O objetivo é conhecer realmente quem são seus liderados. É uma ação simples, mas muito eficaz. Faça uma entrevista individual, com cada um de seus funcionários. Anote e explique o que está fazendo. Deve ser uma conversa planejada e sem interrupções.

Essa medida vai proporcionar uma aproximação e conhecimento acerca de seus colaboradores, e vai ajudá-lo a definir tarefas e trabalhos específicos para cada um. Penso que o mínimo que o Líder deve saber sobre seu colaborador é:

nome completo, estado civil, nome do cônjuge, nome e idade dos filhos, grau de instrução, time para que torce, qual esporte pratica, o que gosta de fazer e o que não gosta, qual sua característica principal, se tem planos para estudar e o quê, qual seu passatempo. Ao final da entrevista pedir para ele dar uma sugestão de mudança para melhorar o trabalho que ele executa. Na medida em que for aplicando esta entrevista, você provavelmente fará alterações de melhoria.

Entretanto, se estiver buscando profissionais no mercado, faça um bom processo seletivo e o mais amplo possível, para que contrate realmente aquele profissional que atenderá a sua necessidade.

Desenvolvimento do time

O Líder promove a capacitação da sua equipe de trabalho. Tem plano de capacitação voltado para o seu time, de acordo com as atividades e com as prioridades.

Também estimula seus liderados a continuar seus estudos, com o objetivo de fazer aquilo que gostam e ao mesmo tempo construir uma carreira profissional.

Desenvolver pessoas é assisti-las nos aspectos profissional e pessoal. O Líder prepara seus colaboradores para a vida e não somente para sua empresa. Ele sabe que alguns, devido a sua qualidade e capacidade, serão promovidos ou buscarão outros caminhos.

Autoconhecimento

O exercício da Liderança promove o autoconhecimento. O que isso quer dizer? Que você deve estar atento para suas ações. Repetir o que deu certo e corrigir o que foi errado. Você consegue se conhecer. Começa a perceber como reage em diversos tipos de acontecimentos. Também é possível descobrir o que o aborrece e como superar esse momento difícil. Com o autoconhecimento você fica mais preparado para lidar com várias situações. Lembro-me de uma situação que aconteceu comigo. Eu estava retornando de uma viagem de trabalho e chegando a minha unidade, quando recebi uma ligação no celular. Fazia um calor de mais de 32 graus. Parei o carro e atendi. Era meu gestor querendo saber de um assunto que eu ainda não tinha resolvido e o prazo estava se esgotando. Aquela situação começou a ficar muito incômoda, pois o calor dentro do carro estava se tornando insuportável, eu não tinha as informações completas para passar para ele, ele estava ficando aborrecido pelo fato de ainda não ter a minha posição e estávamos quase ao ponto de explodir um com o outro, quando tive um lampejo e falei: "Podemos falar sobre esse assunto à tarde? Estamos quase brigando e não vamos resolver e pode piorar se continuarmos assim". Ele ficou alguns segundos em silêncio e depois respondeu: "Está bem. Falamos à tarde". Notei que quando respondeu sua voz estava mais branda do que antes. Desliguei o telefone e dei partida no carro. Aquela pausa foi um santo remédio. Na parte da tarde resolvi as pendências, liguei para ele e resolvemos o assunto. Ao final da ligação ele falou: "Tinhas razão hoje pela manhã. Obrigado pelo trabalho!"

O que aconteceu? Percebi que se continuasse aquela discussão com meu gestor acabaríamos em um desentendimento infrutífero e agi antes. É um exemplo de autoconhecimento.

Qualidade de vida

Estimular a melhorar a qualidade de vida dos colaboradores é uma das atribuições do Líder. A importância deste ponto é de mostrar para eles que você não se interessa somente pelo trabalho dele e sua vida dentro da empresa. Que você, como Líder, enxerga o todo (o seu colaborador como pessoa humana e que possui outras atividades fora da vida profissional). Isso muda a forma com que o funcionário enxerga o Líder, pois a cultura existente é de que ele é visto somente como parte da empresa, ou seja, por aquilo que executa dentro da organização. Alguns exemplos, para esse despertar para uma vida com mais qualidade e saúde, são: prática regular de exercícios físicos ou algum esporte; beber água; melhorar a alimentação aumentando o consumo de frutas e produtos naturais; redução de consumo de refrigerantes, açúcar, sal e gordura animal. Também é importante que você mesmo seja exemplo dos conselhos que dá.

Um bom Líder não esquece que crescimento e evolução são constantes. Estar atento aos estudos, novas descobertas, os caminhos que as organizações mais desenvolvidas estão trilhando para trazer para si, para sua equipe e empresa. Ficar parado no tempo, ou pensando que já atingiu o topo, é o prenúncio da decadência.

Ponderações finais

A globalização oferece uma quantidade muito grande de informações, através das redes sociais e aplicativos dos *smarthphones*. Estas informações circulam rapidamente. O Líder deve estar atento a esse tipo de acontecimento para poder atuar junto de sua equipe sobre as informações falsas, que podem comprometer a atuação do time. Chamo isso de Gerenciamento das Informações. Tarefa indelegável do Líder.

Liderar pessoas é arte porque exige habilidade, é difícil porque lidamos com gente, é arrebatador porque tem emoções, requer vigilância porque são talentos humanos, há necessidade de ser pacificador para sempre falar a verdade. Tem possibilidade de ser frustrante nos casos de perda de colaborador. É preciso ousadia para sugerir novos caminhos e ser entusiasta para unir. É gratificante, não todo o tempo, mas tem seus momentos inesquecíveis.

A frase de Jack Welch sobre LIDERANÇA é apropriada: *"Um líder não é alguém a quem foi dada uma coroa, mas a quem foi dada a responsabilidade de fazer sobressair o melhor que há, nos outros".*

Sou adepto da utilização do Coaching nas organizações para líderes e colaboradores. Penso que, quanto mais empresas e empreendedores adotarem esta prática, duas consequências aflorarão: o crescimento dos resultados e o desenvolvimento do próprio processo de Coaching. É caminho sem volta.

Jack Welch: *"No futuro todos os líderes serão coaches. Quem não desenvolver essa habilidade, automaticamente será descartado pelo mercado".*

Referências

MAXWELL, John C., 1947. **O Livro de Ouro da Liderança**: o maior treinador de líderes da atualidade apresenta as grandes lições de liderança que aprendeu na vida / John C. Maxwell; tradução de Omar Alves de Souza. Rio de Janeiro: Thomas Nelson Brasil, 2008. P. 66, 101.

Internet:

https://www.pensador.com/frases_jack_welch/

https://www.pensador.com/frases_de_seneca/

http://www.administradores.com.br/artigos/negocios/o-poder-do-lider-coach/55894/

foco

inteligência emocional

alta performance

equilíbrio

delegar

relacionamentos

lazer

competências

Reflexões sobre a atuação do *coach* executivo e empresarial

Regina Lúcia Monteiro Matos

crenças sabotadoras

limitações

comunicação

qualidade de vida

planejamento

15

liderança

metas

procrastinação

Regina Lúcia Monteiro Matos

Psicóloga (CRP–08/2890), Master Coach com certificação internacional em Coaching, Mentoring & Holomentoring do Sistema ISOR®, pelo Instituto Holos. Consultora na área de Gestão de Pessoas e Desenvolvimento de Lideranças. Especialista em Recursos Humanos; Comportamento Organizacional e Direito Empresarial. Possui formação em Dinâmica dos Grupos pela SBDG (Sociedade Brasileira de Dinâmica dos Grupos). Vasta experiência como gestora de Recursos Humanos em empresas de portes variados. Diretora da RM Consultoria e Treinamento. Coautora dos livros *Networking & Empreendedorismo*, *RH na Veia* e *Liderança Feminina em Ação*, da Editora Leader.

Contatos:

Celular: 43 99994-0705 (Tim)

Email: regina@rmtreinamentos.com

Skype: regina.matos07

Site: www.rmtreinamentos.com

Reflexões sobre a atuação do *coach* executivo e empresarial

> *"Os executivos realizam trabalhos por meio do trabalho de outras pessoas. Eles tomam decisões, alocam recursos e dirigem atividades de outros com o intuito de atingir determinados objetivos."*
>
> *Stephen P. Robins*

Desde a era industrial as organizações vêm sofrendo transformações, dentre elas: fusões, cisões, terceirizações, transferências para outras cidades ou estados da federação, que de certa forma causam insegurança e desmotivação em seu quadro de pessoal. Profissionais com mais experiência, salários elevados e um pacote de benefícios diferenciado estão sendo substituídos por outros com menos experiência e menor salário.

Fela Moscovici (2001) relata que as interferências ou reações voluntárias ou involuntárias entre as pessoas, sejam elas intencionais ou não, constituem o processo de interação humana, em que cada pessoa fica ou não indiferente à situação de presença estimuladora. Este tipo de situação pode ser percebido com grande frequência nas empresas, onde pessoas oriundas das mais diferentes realidades estão reunidas para atingir metas traçadas pela organização e que muitas vezes não estão incorporadas como um objetivo destes profissionais.

O ambiente corporativo apresenta desafios constantes e

em diversas situações. Mesmo tendo em mãos todos os recursos para a execução de suas atividades, a pressão sofrida pelos executivos é muito grande e isso faz com que eles se sintam vulneráveis em algumas situações, enfrentando *stress* e isso reflete diretamente em sua qualidade de vida, relacionamentos pessoais e profissionais que acabam em algum momento recaindo sobre sua equipe de trabalho.

Aos que conseguem sobreviver a este turbilhão de mudanças, as empresas estão proporcionando oportunidades de desenvolvimento para que estejam alinhados com seus objetivos e metas. Uma das alternativas para que seja viabilizado o desenvolvimento desses profissionais é o programa de Coaching Executivo e Empresarial. Através dele é possível desenvolver competências que até então poderiam não estar sendo percebidas pelo profissional.

Coaching pode ser definido como um processo em que, através de técnicas e ferramentas estruturadas, o *coach* (profissional que conduz o processo) auxilia o *coachee* (cliente) a atingir um estado desejado, partindo do estado atual, ou seja, o estado em que o *coachee* se encontra no presente momento é identificado e paralelamente é estipulada a meta a ser alcançada.

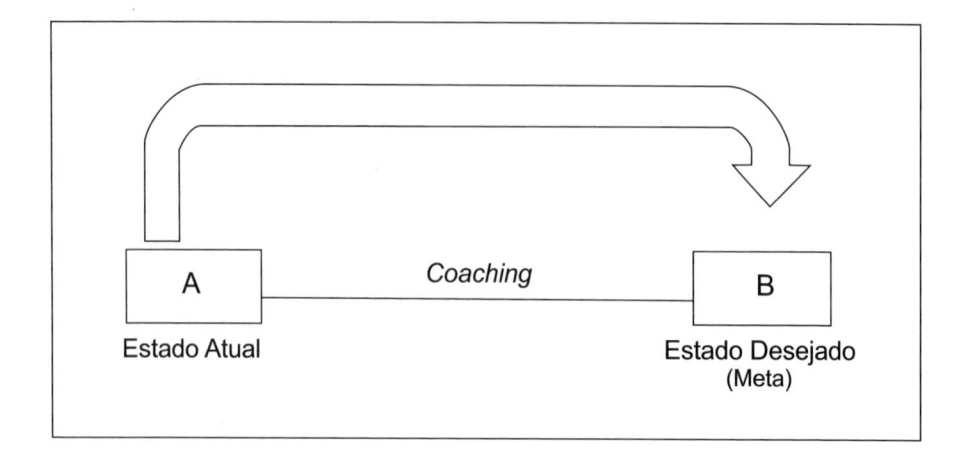

```
    ┌─────────────────────────────────────────┐
    │         ┌──────────────────────┐        │
    │         │                      ▼        │
    │    ┌────┴┐      Coaching      ┌──┐      │
    │    │  A  │────────────────────│ B│      │
    │    └─────┘                    └──┘      │
    │  Estado Atual              Estado Desejado │
    │                                (Meta)   │
    └─────────────────────────────────────────┘
```

Timothy Gallwey, em seu livro *O Jogo Interior do Tênis*, afirma que "O adversário dentro da nossa própria mente é mais poderoso do que o que está do outro lado da rede". Para Gallwey, a melhor forma de treinar e orientar as pessoas a jogarem tênis é valorizar a habilidade inata que cada um tem para jogar, sem ordens ou gestos, como ocorria com a maioria dos instrutores.

Vale ressaltar que, diferentemente do Coaching de Vida, no qual o próprio *coachee* contrata os serviços e tem uma meta a ser alcançada, no Programa de Coaching Executivo quem contrata os serviços é a empresa, através do departamento de RH ou da diretoria (dependendo do seu porte e estrutura). Sendo assim, a meta que deve ser trabalhada é a estipulada pela empresa e não a meta pessoal do *coachee*. O desafio do *coach* será alinhar as expectativas da empresa com as do *coachee* para que o programa tenha sucesso. Porém, é preciso deixar claro que, antes de fechar o processo de Coaching Executivo Empresarial, o *coach* precisa deixar claro para todas as partes (empresa e *coachee*) e explícito em contrato que existe um padrão ético a ser seguido e que a confidencialidade faz parte do trabalho. O resultado alcançado será apresentado posteriormente pelo próprio *coachee* quando for realizada a reunião de encerramento. O *coach* poderá apoiar com observações complementares, caso sejam necessárias, e fará o encerramento do processo.

Apesar de existirem ofertas de processos de Coaching Executivo Empresarial com número de sessões predeterminadas, não há como prever com exatidão qual tempo e número de sessões serão necessários para o desenvolvimento do trabalho. Cada indivíduo é único em sua essência e traz consigo experiências que não podem ser comparadas nem medidas. Existem alguns parâmetros que podem servir de base e apresentados à empresa no momento de negociação e fechamento do contrato.

Como Rosa Krauss coloca em seu artigo "A Alquimia do Coaching Executivo e Empresarial" para a Revista *Coaching*

Brasil (maio-2018, p. 50): "Atuar como Coach Executivo e Empresarial pressupõe preparo para estimular o *coachee* a olhar para si mesmo com um novo olhar, aprender com o que vê, repensar sua maneira de estar no mundo e ativar sua capacidade de ampliar seus horizontes, encontrar novas opções para realizar-se pessoal e profissionalmente".

Existem vários casos relatados de empresas que realizaram trabalhos com profissionais que prometeram o que não puderam entregar e que, em função disso, fecharam as portas para o desenvolvimento de seus profissionais. Esse fechamento, nem que seja temporário, é prejudicial tanto para a empresa, que precisa alcançar as metas estabelecidas, quanto para o executivo, que perde a oportunidade de desenvolver novas competências e habilidades.

Concluindo, a ética e a transparência, assim como em todas as áreas, são a base do trabalho do *coach*. Em nenhuma situação devem ser apresentadas falsas promessas com o intuito apenas de vender o trabalho. Caso o profissional perceba que existe incompatibilidade entre o que a empresa solicita e o que ele pode entregar, é melhor não aceitar o trabalho do que realizá-lo de maneira inconsequente.

Referências

GALLWEY, W. T. **O Jogo Interior do Tênis**. São Paulo: Textonovo, 2004.

KRAUSZ, R. R. **Coaching executivo:** a conquista da liderança. 2. ed. São Paulo: Scortecci Editora, 2016.

_____ **Reflexões sobre Coaching Executivo e Empresarial**. 2. ed. São Paulo: Scortecci Editora, 2017.

_____ A Alquimia do Coaching Executivo e Empresarial. **Revista Coaching Brasil**, edição 60, pág. 50.

MOSCOVICI, F. 11. ed. **Desenvolvimento Interpessoal**. Rio de Janeiro: José Olympio Editora, 2001.

PERON, A. P. Ética na prática da venda do Coaching Executivo. **Revista Coaching Brasil**, edição 63, pág.12, 13.

ROBBINS, S. P. **Comportamento Organizacional**. 5. ed. São Paulo: Prentice Hall, 2008.

foco
inteligência emocional
alta performance
equilíbrio
delegar

relacionamentos
lazer
competência

Criando e desenvolvendo negócios

Rogério de Moraes Bohn

crenças sabotadoras
limitações
comunicação
qualidade de vida
planejamento

16

liderança
metas
procrastinação

Rogério de Moraes Bohn

Administrador de Empresas e mestre em Administração, com ênfase em Gestão de Pessoas. Advanced, Master e Professional Coach, formado pelo Instituto Holos. Professor da ESPM-Sul e professor convidado de diversos programas de pós-graduação. Palestrante sobre Coaching, Inovação, Gestão de Pessoas, Gestão Organizacional, Empresas Familiares. Foi presidente da Federação dos Jovens Empresários do RS, vice-presidente da Confederação Nacional de Jovens Empresários e vice-presidente do Conselho Regional de Administração do RS. Atuou em projetos na Organização Internacional do Trabalho e Organização das Nações Unidas, no campo da Responsabilidade Social Empresarial. Ampla experiência em coordenação de Congressos Internacionais e Missões Acadêmico-Empresariais em mais de 15 países. Autor e coautor de diversos livros.

Contatos:

Celular: 51 99982-9425

E-mail: contato@rogeriobohn.com.br

Facebook: facebook.com/rogeriobohn

Site: www.rogeriobohn.com.br

Criando e desenvolvendo negócios

O desenvolvimento de um negócio é uma caminhada que tem início quando identificamos uma oportunidade no mercado, quando percebemos alguma capacidade que temos para atender a esta necessidade e quando mobilizamos os recursos necessários para que isso possa se tornar realidade.

Não existe caminho fácil para se criar um negócio. Todas as alternativas que temos são complexas e com um importante grau de incerteza. A inspiração original para o desenvolvimento de um novo negócio pode ser simplesmente uma percepção de que existe a condição de se oferecer um serviço ou um produto melhor do que atualmente está sendo disponibilizado. Pode ser também a percepção de que um determinado nicho de mercado está necessitando de alguma atividade que eu sou capaz de atender.

Entretanto, sabemos que vivemos em um mundo muito dinâmico onde as mudanças são constantes e em que as certezas de hoje podem ser grandes enganos amanhã. Deste modo, mesmo que se possa e se deva realizar pesquisas para validar estas percepções que temos a respeito de oportunidades e mesmo que se possa validar estas ideias conversando com os mais diversos possíveis clientes que possamos visualizar, ainda assim nada garante que o nosso produto ou serviço vai ser bem-sucedido.

Isto nos leva à necessidade de formular o produto ou serviço rapidamente, após se terem feito todas as pesquisas necessárias, de modo que se possa realizar testes de validação do mesmo. Colocar em prática a ideia, criar um protótipo ou algo o mais tangível possível que possa ser demonstrado ao cliente, na prática, para que ele possa ver, analisar e eventualmente testar. Nestas primeiras décadas do século XXI se tem como maior parceiro de desenvolvimento de produtos o próprio cliente a que eles se destinam. Afinal, quem entende melhor da necessidade do cliente do que ele mesmo? Quem é capaz de entender com profundidade qual a "dor" que ele tem, qual o problema mais significativo que precisa ser atendido, a não ser aquele que experimenta isso a cada instante, dentro de sua vida ou de sua empresa?

Assim, o desenvolvimento de produtos evoluiu para um estágio onde a opinião do cliente deixou de ser algo para se considerar somente para ajustar detalhes, como se estava acostumado, mas sim para construir em muitos casos um produto inteiramente customizado, voltado para um ponto especificamente apontado pelo cliente.

Quando tivermos essa validação em mãos, o grau de incerteza de que o produto ou serviço poderá de fato vir a ser bem recebido pelo cliente diminuiu bastante. Temos já condições de acreditar que podemos atender um nicho de interesse.

Porém, no universo competitivo das corporações, podemos acabar sendo surpreendidos pelo lançamento de algum produto ou serviço muito similar, e antes do nosso. Caso isso venha a acontecer, temos uma janela de oportunidade menor e certamente a nossa possibilidade de ganhos diminuída. Precisamos ser cada vez mais ágeis no lançamento de nossa ideia, em uma versão que possa atender o máximo possível daquela expectativa que o nosso cliente demonstrou. Então, por que não desenvolver uma versão preliminar de nosso produto ou serviço, lançá-lo e depois ir aprimorando esta versão à medida que passamos a receber os *feedbacks* de nossos novos clientes?

A sabedoria popular já nos ensinava há muito tempo que "mais vale feito, do que perfeito". Esta frase é cada vez mais importante. A busca pela perfeição é necessária, mas ela pode ser feita já com um produto ou serviço existente e entregue, de modo que teremos condições de contar com a colaboração de nosso cliente para melhor desenvolvê-lo e não apenas a nossa percepção. Claro que devemos ter a responsabilidade e o senso crítico suficiente para entregar um produto que funcione e traga resultados, mas que ainda poderá ser muito aprimorado. Para quem ficou em dúvida quanto a este ponto, pense no primeiro iPhone lançado pela Apple em junho de 2007. Quando Steve Jobs apresentou aquele revolucionário produto, será que ele tinha todas as funcionalidades que a sua versão mais atual tem? Evidentemente que não. Era capaz de atender a um público ávido por inovação e por diferencial? Evidentemente que sim. Com o tempo, o produto foi sendo aprimorado, até chegar às suas versões mais completas, disponíveis hoje e que certamente são muito inferiores àquelas que serão disponibilizadas ao mercado nos próximos anos.

Como somos capazes de chegar até esta versão preliminar de nosso produto, também conhecida como MVP? Precisamos de alguns fatores muito importantes que em muitos casos são solenemente ignorados pelos empreendedores, podendo vir a causar amargos prejuízos.

Será que somos capazes de mobilizar todos os recursos necessários para o desenvolvimento adequado e no tempo desejado deste nosso produto ou serviço? Aliás, quais são estes recursos necessários? Muitas vezes as pessoas conseguem perceber a necessidade de recursos financeiros e conseguem adequadamente mensurar qual o montante total de sua necessidade para as primeiras etapas de um novo investimento. Isso, sem dúvida, já é um grande diferencial, uma vez que na maior parte dos casos os empreendedores iniciam os seus negócios sem nenhuma noção a respeito de que valores irão precisar mobilizar.

Quando não se tem noção sobre quais serão os valores necessários, certamente haverá dificuldades logo à frente, pois não se sabe se haverá necessidade de aporte de recursos por terceiros, se o empreendedor terá de buscar um outro sócio, um investidor, algum fundo para participar do negócio, ou alguma outra solução deste tipo. Claro que tudo fica mais difícil desta forma. Fica ainda mais difícil buscar um sócio externo ou algum investidor, se não temos sequer condições de dizer para esta pessoa ou empresa qual será o valor que gostaríamos que ela aportasse em nosso negócio.

Então, claramente uma noção, mesmo que aproximada, de todos os valores envolvidos no nosso negócio é algo absolutamente fundamental, fato que pode trazer um diferencial de sobrevivência ou não para o nosso negócio.

Mas, falávamos sobre recursos, e sobre a necessidade de se ter uma adequada estimativa dos mesmos. Lamentavelmente, para grande parte dos desenvolvedores de novos negócios, recurso é sinônimo de dinheiro. Claro que ele é um importante recurso, mas não é necessariamente o mais importante e certamente não é o único. Em muitos casos a maior dificuldade para se poder fazer nossa ideia sair do papel e encontrar o caminho da realidade é se conseguir mobilizar uma equipe adequada para aquele projeto. Uma equipe multidisciplinar, que possa atender às necessidades que o meu projeto traz. Pessoas que sejam de fato envolvidas com o que precisa ser feito de modo a trazerem o que tem de melhor para o ambiente do desenvolvimento do projeto.

Uma equipe não deve ser constituída por pessoas que pensem igual ao empreendedor. O pensamento divergente favorece a concepção de novas ideias, da inovação e da percepção de novos caminhos dentro da busca de soluções. Claro que uma equipe deve estar imbuída do mesmo propósito, da proposta de caminhar juntos em busca de algo que seja superior a todos. A multiculturalidade e a multidisciplinaridade são pontos cada vez mais necessários para se criar algo que realmente possa atender às necessidades dos clientes deste mundo em constante transformação.

Dentro desta equipe, deverá haver pessoas com experiências diferentes, com vivências que possam contribuir para que todo o conjunto fique mais forte. Pessoas que inclusive sejam mais céticas ou mais críticas são fundamentais. Um grupo no qual todos estão permanentemente em consenso vai ter dificuldade de encontrar soluções inovadoras em momentos de crise ou de necessidade de profundas mudanças.

Cabe neste ponto se falar de outro recurso necessário, que é o da inteligência emocional para as lideranças envolvidas. Para trabalhar com um grupo que seja composto de pessoas de diferentes origens, culturas, vivências e pensamentos, há de se ter condições de congregar todos, valorizando as ideias e aparando as possíveis arestas que inevitavelmente vão surgir com todo o processo. O líder terá de acessar suas competências que sejam capazes de tornar a convivência de todos não apenas suportável, mas engrandecedora para o conjunto, capaz de dar a sinergia necessária para superar os mares de atribulações.

Dizer que os colaboradores, que a equipe é o que há de mais valioso dentro de uma empresa não é nenhuma novidade. O que há de novo neste fato é que cada vez mais empresas estão percebendo a importância do uso de ferramentas de Endomarketing para servir de elo comum a todos. Cada vez mais empresas estão se interessando, também, em desenvolver o seu EVP – Employee Value Proposition, ou proposta de valor ao colaborador. Cada vez mais empresas estão se dando conta de que as pessoas não trabalham hoje apenas por dinheiro no final do mês em suas contas bancárias. Essa ideia, que remonta ao "Homo Economicus" da antiga Administração Científica, não poderia estar mais ultrapassada. As gerações atuais e futuras de colaboradores das empresas buscam atuar em um ambiente onde se sintam bem, onde possam apresentar ideias que sejam valorizadas. Por vezes, sequer existe um ambiente físico conjunto para estas pessoas trabalharem; é cada vez mais comum o uso de equipes geograficamente distantes, atuando em *home office*, e interligadas através de alguma ferramenta de acompanhamento ou rede social.

Cada vez mais os colaboradores querem receber pelo menos parte da valorização que é dispensada aos clientes externos. Em muitos casos, querem apenas o direito de saber o que vai acontecer em sua empresa antes que o cliente saiba.

Por que é tão difícil para as empresas perceberem isso? Que a valorização do funcionário, que o uso do Endomarketing, que o desenvolvimento do seu EVP trazem resultados para ela, permitindo que melhor atenda ao cliente externo e de fato trazendo melhores resultados financeiros para os seus investidores? O século mudou há quase duas décadas, mas a mentalidade de muitos empresários permanece ainda nos já distantes anos 1900.

Então, se todos estes cuidados forem tomados, se a necessidade de recursos for adequadamente estimada, se houver uma participação e valorização dos colaboradores da empresa e se houver a participação do cliente no desenvolvimento do produto ou serviço, o sonho de um grande sucesso nos negócios prevalecerá? Claro... que não. Não necessariamente.

Existem muitos outros pontos importantes que podem influenciar o desenvolvimento de um negócio, desde um adequado processo de divulgação, até mesmo o momento econômico por que um país passa. O tamanho da concorrência, ou o tamanho de um produto ou mercado substituto que pode engolir a nossa ideia na esteira da obsolescência, como já nos ensinou Porter, também tem de ser considerado.

Com um planejamento adequado, que pode ser realizado através do uso de metodologias ágeis, como Golden Circle, para se perceber o propósito de nossa organização, o Canvas, para estruturar nosso negócio, e o GTD ou Scrum, para colocar todas as ideias em prática, existe uma probabilidade muito mais significativa de sucesso em nossos empreendimentos. Certamente, um olhar externo para acompanhar o crescimento da empresa, ou a reestruturação da mesma, através de uma consultoria ou de uma aceleradora, trazem benefícios muito grandes.

A complexidade do desenvolvimento de um novo negócio só não é maior do que aquela existente no acompanhamento do desenvolvimento de uma pessoa, de um filho. A certeza que se tem, nesses casos, é que se buscarmos o máximo possível de apoio adequado, de informação e procurarmos andar dentro do caminho que considerarmos o mais adequado teremos a chance de desenvolver um empreendimento de sucesso muito aumentada.

As histórias de sucesso começam em uma ideia, mas são acompanhadas o tempo todo de muito esforço, inspiração, energia, resiliência e suporte adequado. Vamos desenvolver as suas novas ideias e os novos projetos?

UM LIVRO MUDA TUDO

CONHEÇA MAIS SOBRE A EDITORA LEADER

REGISTRE seu legado

A Editora Leader é a única editora comportamental do meio editorial e nasceu com o propósito de inovar nesse ramo de atividade. Durante anos pesquisamos o mercado e diversos segmentos e nos decidimos pela área comportamental através desses estudos. Acreditamos que com nossa experiência podemos fazer da leitura algo relevante com uma linguagem simples e prática, de forma que nossos leitores possam ter um salto de desenvolvimento por meio dos ensinamentos práticos e teóricos que uma obra pode oferecer.

Atuando com muito sucesso no mercado editorial, estamos nos consolidando cada vez mais graças ao foco em ser a editora que mais favorece a publicação de novos escritores, sendo reconhecida também como referência na elaboração de projetos Educacionais e Corporativos. A Leader foi agraciada mais de três vezes em menos de três anos pelo RankBrasil – Recordes Brasileiros, com prêmios literários. Já realizamos o sonho de numerosos escritores de todo o Brasil, dando todo o suporte para publicação de suas obras. Mas não nos limitamos às fronteiras brasileiras e por isso também contamos com autores em Portugal, Canadá, Estados Unidos e divulgações de livros em mais de 60 países.

Publicamos todos os gêneros literários. O nosso compromisso é apoiar todos os novos escritores, sem distinção, a realizar o sonho de publicar seu livro, dando-lhes o apoio necessário para se destacarem não somente como grandes escritores, mas para que seus livros se tornem um dia verdadeiros *best-sellers*.

A Editora Leader abre as portas para autores que queiram divulgar a sua marca e conteúdo por meio de livros...

EMPODERE-SE
Escolha a categoria que deseja

▪ Autor de sua obra

Para quem deseja publicar a sua obra, buscando uma colocação no mercado editorial, desde que tenha expertise sobre o assunto abordado e que seja aprovado pela equipe editorial da Editora Leader.

▪ Autor Acadêmico

Ótima opção para quem deseja publicar seu trabalho acadêmico. A Editora Leader faz toda a estruturação do texto, adequando o material ao livro, visando sempre seu público e objetivos.

▪ Coautor Convidado

Você pode ser um coautor em uma de nossas obras, nos mais variados segmentos do mercado profissional, e ter o reconhecimento na sua área de atuação, fazendo parte de uma equipe de profissionais que escrevem sobre suas experiências e eternizam suas histórias. A Leader convida-o a compartilhar seu conhecimento com um público-alvo direcionado, além de lançá-lo como coautor em uma obra de circulação nacional.

▪ Transforme sua apostila em livro

Se você tem uma apostila que utiliza para cursos, palestras ou aulas, tem em suas mãos praticamente o original de um livro. A equipe da Editora Leader faz toda a preparação de texto, adequando o que já é um sucesso para o mercado editorial, com uma linguagem prática e acessível. Seu público será multiplicado.

■ Biografia Empresarial

Sua empresa faz história e a Editora Leader publica.

A Biografia Empresarial é um diferencial importante para fortalecer o relacionamento com o mercado. Oferecer ao cliente/leitor a história da empresa é uma maneira ímpar de evidenciar os valores da companhia e divulgar a marca.

■ Grupo de Coautores

Já pensou em reunir um grupo de coautores dentro do seu segmento e convidá-los a dividir suas experiências e deixar seu legado em um livro? A Editora Leader oferece todo o suporte e direciona o trabalho para que o livro seja lançado e alcance o público certo, tornando-se sucesso no mercado editorial. Você pode ser o organizador da obra. Apresente sua ideia.

A Editora Leader transforma seu conteúdo e sua autoridade em livros.

OPORTUNIDADE
Seu legado começa aqui!

A Editora Leader, decidida a mudar o mercado e quebrar crenças no meio editorial, abre suas portas para os novos autores brasileiros, em concordância com sua missão, que é a descoberta de talentos no mercado.

NOSSA MISSÃO

Comprometimento com o resultado, excelência na prestação de serviços, ética, respeito e a busca constante da melhoria das relações humanas com o mundo corporativo e educacional. Oferecemos aos nossos autores a garantia de serviços com qualidade, compromisso e confiabilidade.

Publique com a Leader

- **PLANEJAMENTO** e estruturação de cada projeto, criando uma **ESTRATÉGIA** de **MARKETING** para cada segmento;
- **SUPORTE PARA O AUTOR** em sessões de videoconferência com **METODOLOGIA DIFERENCIADA** da **EDITORA LEADER**;
- **DISTRIBUIÇÃO** em todo o Brasil — parceria com as melhores livrarias;
- **PROFISSIONAIS QUALIFICADOS** e comprometidos com o autor;
- **SEGMENTOS:** Coaching | Constelação | Liderança | Gestão de Pessoas | Empreendedorismo | Direito | Psicologia Positiva | Marketing | Biografia | Psicologia | entre outros.

Esperamos você para um café!

Entre em contato e vamos conversar!

Nossos canais:

Site: www.editoraleader.com.br

E-mail: contato@editoraleader.com.br

@editoraleader

Telefone: (11) 3991-6136 | (11) 98241-8608

O seu projeto pode ser o próximo.

Editora Leader